나에게 신경 쓰기

불안과 자책을 멈추고 나를 사랑하기 위한 심리학

나에게 신경 쓰기

하시모토 쇼타 지음 | 김슬기 옮김

SINCE 2014

유노
북스

"어째서 나는 이렇게 엉망진창인 걸까?"

"더는 안되겠어. 누가 나 좀 도와줘…."

늘 그랬다.

아무도 나를 신경 쓰지 않았다.

아무도 나를 알아주지 않았다.

아무도 나를 도와주지 않았다.

그때, 목소리가 들렸다.

"내가 언제나 널 신경 썼어."

"내가 늘 네 옆에서 도와줬어."

"나는 네 마음을 누구보다 잘 이해하고 있어."

"네가 힘이 들 때, 나는 늘 너를 지지해 왔어."

"응? 당신은 누구야?"

"나는 기사라고 해."

그곳에 바로 나 자신이 있었다.

"어? 그럼 내가 나를 신경 썼던 거야?

그런데 왜 지금도 이렇게 괴로운 거야?

제대로 되는 일이 하나도 없어."

"그 이유를 가르쳐 줄게."

이것은 나 자신에 대한 이야기다.

인생의
수수께끼를
풀고 싶은 당신에게

당신의 수수께끼란?

"돈 문제 때문에 스트레스받아."

"내 성격이 싫어. 어째서 잘 안 고쳐지는 걸까?"

"이루고 싶은 꿈이 있는데 마음처럼 잘 안돼."

어째서 고민은 끝이 없는 걸까요? 우리는 늘 많은 문제를 안고 있습니다. 그래서 괴로움을 느끼고, 인생이 생각처럼 흘러가지 않아 고민합니다. 정신적 피로 문제, 인간관계나 일에서 생기는 고민처럼 나를 괴롭게 하는 문제, 꿈을 이루고 자아를 실현하는 것처럼 어떤 목표를 향해 나아갈 때 발생하는 문제 등. 어떤 문제든 빨리 해결하여 손에서 놓아 버리고 하루빨리 내가 바라는 내가 되기를 간절히 바랍니다.

그런데 왜 마음처럼 잘 안되는 걸까요? 이 책은 그 이유를 마음 깊은 곳까지 파고들어 당신조차 몰랐던 '당신 자신의 수수께끼'를 풀어 나갑니다. 그 수수께끼를 풀어야 실제로 문제가 해결되고 여러분의 인생이 한 단계 더 발전할 수 있기 때문입니다.

그럼, 바로 그 마음 깊은 곳에 대해 이야기해 볼게요.

나를 힘들게 하는 일.
문제가 반복해서 발생하는 일.
좀처럼 해결되지 않는 일.

이 문제들에는 사실 큰 의미와 목적이 있습니다. 그것은 바로 '당신을 지키는 것'입니다.

이런 말을 들으니 어떤 생각이 드나요? 아직은 믿기 어려울지 모릅니다. 사실 우리가 안고 있는 문제와 고민은 '스스로를 지키기 위해' 존재합니다. 빨리 해결해서 없애 버리고 싶은 문제나 고민의 이면에는 나를 지킨다는 역할이 숨어 있습니다.

그것이 '문제의 진정한 모습'입니다. 당신을 지키기 위해 당신의 마음이 만들어 내는 또 하나의 당신은 마음을 지키는 역할을 짊어지고 있습니다.

여러 가지 일이 잘 안 풀리는 근본 원인이 '또 하나의 당신'과 '지금의 당신'의 충돌입니다. 당장은 잘 와닿지 않을지도 모릅니다. 하지만 이 책을 읽다 보면 이해할 수 있을 것입니다.

그리고 이 문제를 해결할 수 있는 사람은 당신뿐입니다. 당신만이 할 수 있습니다. 표현을 달리 하자면, 누군가에게 부탁해서 해결하는 것이 아니라 오직 당신만이 스스로를 구할 수 있습니다.

자기 자신에게 조금만 관심을 기울여 보세요. 당신 안에 당신의 인생을 바꿀 수 있는 힘이 분명히 존재합니다. 이 책을 통해 '문제의 진정한 모습'을 발견하고 스스로를 깊게 이해해 봅시다. 그럼 마치 우리 자신에 대한 수수께끼가 해결되듯 지금껏 일이 잘 풀리지 않았던 이유를 깊게 이해할 수 있게 됩니다. 그리고 인생이 크게 바뀌기 시작할 것입니다.

나를 가장
신경 써 준 사람은
누구일까요?

소개가 늦었습니다. 심리상담사 하시모토 쇼타라고 합니다. 심리 요법, 영양 요법, 음악 치료, 이 세 분야를 중심으로 활약하고 있고, 제가 늘 목표로 삼고 있는 것은 클라이언트의 자립입니다. 내 안의 커다란 힘을 깨닫고 그 힘을 회복해 내 힘으로 나의 문제를 해결할 수 있도록 도움을 드리고 있습니다.

때로는 다른 사람의 도움이 필요하기도 하지만, 사실 누구나 자기 자신을 구할 수 있는 힘을 갖고 있습니다. 그런데도 그 힘을 방치하고 타인에게 지나치게 의지하거나 자신에게 도움을 줄 사람을 계속 찾곤 하죠. 그럼 내 안에 있는 '나를 구하는 힘'의 존재를 잊고 점차 잃어 갑니다.

하지만 문제의 진정한 모습을 파악하고, 스스로 마음을 가라앉히고, 문제를 해결할 수 있는 힘을 익힌다면 불필요하게 문제를 두려워하지 않아도 됩니다. 그럼 스스로를 믿고 기댈 수 있는 감각, 즉 자기 신뢰감이 높아지고 '나는 괜찮다'는 자신감을 가질 수 있게 됩니다. 수없이 들어 본 말이겠지만 '나를 믿는다'는 것이 어떤 것인지 몸소 체험하면 비로소 알게 됩니다.

현대를 사는 수많은 사람이 점점 자신이 가진 힘을 믿지 못하고 있습니다. 저도 그중 하나였습니다. 그래서 괴로운 생각을 수없이 반복했습니다. 얄궂게도 늘 외롭게 노력한 사람일수록 혼자 애쓰다 지쳐 어딘가에서 자신의 절반을 포기해 버리기도 합니다.

그 반동으로 나를 '도와줄 법한 누군가'를 마음 깊은 곳에서 늘 원하고, 의지할 수 있을 법한 사람이 나타나면 때때로 들러붙어 집착하기도 합니다. 특히 어렸을 때부터 힘든 일을 많이 겪은 사람이 그렇습니다. 혹은 양육자(주로 부모)와의 관계 속에서 괴로운 경험을 적지 않게 한 사람은 어른이 되어서도 자신을 구해 줄 누군가가 나타나기를 바랍니다.

다시 말해서 이상적인 부모가 되어 줄 누군가, 즉 자신을 이끌고 도와줄 '기사(knight)' 같은 누군가를 무의식적으로 계속 원하는 것입니다. 배우자나 친구에게 요구하거나 심리상담사, 때로는 점술가나 종교인에게 도움을 청하기도 합니다.

그 결과 배우자나 친구와의 관계가 어그러지거나, 인간관계나 금전 문제에 휘말려 자아실현이 한층 더 어려워져 점점 사람을 믿지 못하게 됩니다. 그럼에도 누군가가 어떻게든 해 주길 바라고, 정처 없이 여기저기를 헤매길 반복합니다. 그렇게 불행이 계속됩니다.

나에게 도움을 줄 법한 사람을 원하는 데에는 또 다른 이유가 있습니다. 당신의 무의식이 '사람에게 받은 상처는 사람에게 치유받아야 낫는다'고 생각하기 때문입니다. 이는 마음의 구조상 당연한 감각입니다.

하지만 본래는 다른 사람에게 바라지 않아도 됩니다.

만약 당신을 구해 줄 기사 같은 든든한 존재가 당신 안에 이미 존재하고 있다면 어떨까요?

그리고 당신이 그 존재를 알아차리지 못했을 뿐이라면?

지금부터 당신 안에 존재하는, 당신을 돕고 지켜 주는 기사의 존재를 발견할 수 있게 해드리겠습니다. 당신 안의 큰 힘을 깨닫고 진정으로 문제를 해결하는 방법을 소개하겠습니다.

이 책을 통해 당신이 반드시 알아야 하는 것은 바로 당신의 힘을 알아차리고 당신만이 당신을 신경 써 줄 수 있다는 점을 깨닫는 것입니다. 그 구체적인 방법을 여러분이 꼭 알았으면 합니다. 그리고 당신의 진정한 힘을 회복하길 바랍니다.

이 세 가지뿐입니다. 이 세 가지를 깨닫고 무엇보다 저의 인생이 확 달라졌습니다. 힘겨운 마음과 고민을 극복할 수 있었습니다. 꿈을 이루고, 자아를 실현하며 제가 원했던 인생을 그릴 수 있게 되었습니다. 그 해답을 여러분에게도 꼭 전해 드리고 싶습니다.

자, 그럼 '당신이 당신 스스로를 구하는 이야기'를 시작해 볼까요?

차
례

1장

밖으로 향했던 시선을
나에게로 돌리세요
_ 마음의 방어 기제 인식하기

2장

타인을 위했던 마음을
자신에게 쓰세요

_ 방어 기제의 작동 방식 이해하기

3장

인생은 자신에게
신경 쓰는 사람의 편입니다

_ 마음의 방어 기제와 대화하기

밖으로 향했던 시선을 나에게로 돌리세요

·

마음의 방어 기제 인식하기

나의 무의식 속은
온통 나뿐이다

"왜 나는 늘 안되는 걸까?"

"왜 이 문제는 해결되지 않는 걸까?"

"왜 인간관계에서 늘 똑같은 문제가 반복되는 걸까?"

"왜 배우자와 매번 문제가 생기는 걸까?"

"왜 일도 돈도 늘 잘 풀리지 않는 걸까?"

"나름대로 노력했는데 왜 잘 안되는 걸까?"

"어째서, 어째서, 왜…."

그 답이 '당신을 지키기 위해서'라면 어떤 생각이 드나요?

"뭐라고? 이렇게 힘들고 괴로운데, 그게 나를 지키기 위해서라니 이게 무슨 말이야?"

이런 생각이 들면서 무심코 화를 내고 싶어질지 모릅니다. 하지만 이건 틀림없는 사실입니다. 당신의 무의식은 당신을 지키기 위해 쉽게 해결되지 않는 문제나 사건을 만들어 내고 있습니다. 우선 이 놀라운 사실과 비밀을 이번 장에서 풀어 나가 보겠습니다.

서툴지만 나를 지키는
기사라는 존재

우리의 마음은 우리를 스스로 지키기 위해 무의식의 영역에서 놀라울 정도로 열심히 일하고 있습니다. 마치 외부의 이물질로부터 몸을 지키는 백혈구와도 같습니다. 당신의 마음을 지키려고 필사적으로 일하고 있는 것이죠.

이처럼 열심히 마음을 지키는 멤버들은 당신의 무의식에 존재하는 '마음의 방어 기제'입니다. 임상 심리 치료 세션 등을 통해 저는 클라이언트들의 마음의 방어 기제를 발견하곤 합니다. 서투르지만 클라이언트들의 마음을 지키려고 애쓰는 그 모습이 마치 '마음 따뜻한 기사' 같다고 늘 생각합니다. 그래서 이 책에서 이 마음의 방어 기제를 친근감 있게 '기사'라고 부르려 합니다.

기사의 대부분은 무의식의 일부입니다. 무의식이란, 당신이 아직 의식하지 못한, 아직 자각하지 못한 상태를 의미한다고 생각해 주세요. 의식하고 있든 그렇지 않든 누구에게나 스스로를 지키기 위한 마음의 방어 기제, 즉 기사가 존재합니다. 당신 안에도 반드시 기사가 존재합니다.

이 마음의 방어 기제는 온종일 필사적으로 당신을 지키고 있습니다. 타인의 시선 따위 아랑곳하지 않고 몸을 던져 당신을 지키려 합니다. 그 작용은 당신이 자각할 수 없는 '무의식의 영역'에서 일어나기 때문에 연습을 하지 않으면 알아챌 수 없습니다(이 방법은 3장에서 설명하겠습니다).

마음의 방어 기제가 가진 목적은 오직 하나입니다. 바로 당신이 더는 상처받지 않게 하는 것입니다. 그런데 이 기사들은 너무 서툴러서 때때로 극단적인 행동을 하곤 하는데, 그것이 일상생활에서 문제를 일으킬 때가 있습니다.

다시 말해 당신의 기사가 오로지 당신을 생각하는 마음으로 당신을 필사적으로 지키려고 한 나머지 오히려 문제를 일으켜버리는 것입니다. 인간관계, 성격, 일, 돈, 연애, 가족, 파트너십 등에서 생기는 문제들이 사실 서툴고 열정적인 기사가 원인이었던 것입니다.

많은 사람이 안고 있는 다양한 문제의 대부분은 스스로의 마음을 지키려는 기사의 활약으로 인한 '마음의 방어 반응' 때문에 일어나고 있습니다.

특히 패턴처럼 수차례 반복되는 문제와 오랜 시간 우리를 괴롭히는 문제의 대부분은 이 마음의 방어 반응과 강하게 엮여 있습니다.

이 기사는 어떤 사람 마음에든 존재합니다. 인간이라면 누구에게나 존재합니다. 아주 행복한 가정에서 자란 사람에게도, 늘 싱글벙글 웃고 있는 사람에게도 기사는 존재합니다.

당신이 약해서, 당신에게 문제가 있어서 기사가 존재하는 것

이 아닙니다. 다만 지금껏 살아오는 과정에서 상처를 많이 받았
거나 그 상처를 혼자 어떻게든 해결할 수밖에 없었던 사람일수
록 기사가 강하게 작용하는 경향이 있습니다.

하지만 그것은 곧 인간의 마음 기능이 제대로 작동하고 있다
는 증거입니다. 당신이 나쁘거나 이상해서가 아니라는 점을 기
억해 주세요. 지금 이 글을 적고 있는 제 안에도 수많은 기사가
존재하고 있습니다.

당신에게 상처를 주는 일로부터 당신을 지키려고 애쓰는 기
사가 당신 안에 존재한다고 상상해 보세요. 그렇게 생각하면 조
금 친근감이 들지 않나요? 이 기사는 단순히 당신을 지키기 위
해 애쓰고 있기 때문에, 그 서툰 표현 때문에 문제가 생길 뿐입
니다.

못하는 것이 아니라
하지 않는 것이라는 진실

기사가 당신을 생각해서 애를 쓰다 보니 문제가 발생한다는 말의 뜻이 잘 와닿지 않나요?

좀 더 구체적인 예를 들어 보겠습니다. 심리 세션을 진행하다 보면 종종 '정리를 잘 못하겠다'는 클라이언트들의 고민을 마주합니다.

"방을 깨끗하게 정리하고 그 상태를 유지하고 싶은 마음은 간절한데 막상 그렇게 하려니 너무 귀찮아요."

"금세 또 어지럽히게 돼요."

"꼼꼼하게 정리를 못하겠어요."

"저는 왜 정리를 잘 못하는 걸까요?"

그 이유가 짐작이 가는 분도 있을 것입니다. 이것은 마음의
방어 기제인 기사가 당신을 생각해서 '당신이 정리를 할 수 없게
만들고 있기 때문'입니다. 즉 무의식적으로 '정리하지 않는 편이
좋은 이유'가 있기 때문에 기사가 일부러 당신이 방을 어지럽히
게 만든다고 바꿔 말할 수도 있습니다.

"정리하지 않는 편이 좋은 이유? 그런 게 있을 리 없잖아요!"

"정리를 해야 당연히 기분이 좋고, 이런 더러운 방은 싫어요!"

"대체 정리하지 않는 게 좋은 이유가 어디에 있나요?"

이렇게 생각하는 마음도 충분히 이해됩니다. 하지만 이것은
현재(顯在) 의식, 즉 현시점에서 당신이 자각할 수 있는 마음의
장소에서 생각하면 이해할 수 없습니다.

주변이 항상
어지러운 사람의 심리

심리 세션을 더 심도 있게 진행해서 마음의 깊은 부분에 접근하면 놀라운 이유를 발견할 수 있습니다. 그 이유는 그 사람이 자라 온 역사와 성격, 과거의 경험에 따라 개인차가 있는데 여기에서는 대표적으로 두 가지를 소개해 보겠습니다.

방을 정리해서 깨끗해지면 머릿속도 개운해집니다. 어디에 뭐가 있는지 쉽게 파악할 수 있어서 기분도 좋아집니다. '정리 정돈을 하면 사고가 맑아져서 인생이 잘 풀린다'고 주장하는 책을 읽어 본 적 있는 분도 있을 것입니다. 무엇보다 정리를 하면 '청소해야지', '정리해야지', '~ 해야지'처럼 개운치 않은 생각들이 사라집니다.

그런데 이로 인해 오히려 평소 억누르고 있던 불안감이나 초조함을 느끼는 사람이 적지 않습니다. 일에 대한 불안감, 건강에 대한 불안감, 장래에 대한 불안감…. 이러한 불안한 감정들이 머릿속이 말끔해지면서 도리어 더 잘 느껴지는 것입니다. 다시 말해 방이 어수선해서 사고도, 기분도 답답하게 느껴지면 오히려 불안감이나 초조함을 느끼지 않아도 되는 장점이 있었던 셈입니다.

방이 어지러워야 마음이 더 편하다는 사람은 지저분한 환경에 있음으로써 불안감 같은 불쾌한 감정에 뚜껑을 덮고 있을 가능성이 아주 높습니다.

방이 어수선한 것은 불쾌한 일입니다. 하지만 불안감이나 초조함을 느끼는 것이 더 불쾌하기 때문에 방을 정리하지 않음으로써 더 불쾌한 감정이나 감각을 제어하고 있었던 것입니다. 무의식 속 현명한 기사는 당신을 불안감에 휩싸이게 할 바에는 방을 정리하지 않게 만들어 오히려 얕은 수준으로 마음을 답답하게 만들고, 이를 통해 당신을 지키고자 했던 것입니다.

내가 생각하는 나와
진짜 자아

아직 잘 와닿지 않은 분을 위해 다른 예를 들어 보겠습니다.

"정리 정돈을 잘 못하겠어요."
"정리를 하기 싫어요."

이렇게 말하는 사람 중에는 어렸을 적부터 어머니나 아버지
에게 늘 잔소리를 심하게 듣고 혼이 났던 배경을 가진 사람이

적지 않습니다. 또한 부모에게 응어리가 맺혀 있거나 참고 견딘 경험이 많은 경향이 있습니다. 그러면 상황이 이런 식으로 흘러가는 경우가 매우 많습니다.

정리 정돈하기 → 부모에게 지배당하며 말 잘 듣기 → 내 기분을 왜곡할 수 있음 → 내 마음을 다른 사람이 알아주지 못함

독립해서 부모와 함께 살고 있지 않거나, 부모가 세상을 떠나도 마찬가지입니다. 부모에 대한 단단한 응어리가 마음속에 남아 있으면 정리 정돈 하는 행위가 부모에게 굴복해서 자유를 뺏기는 것이라는 무의식적 감각으로 자연스럽게 이어져 버립니다. 그것을 받아들이고 싶지 않기 때문에, 즉 부모에 대한 반항심과 적개심 때문에 무의식적으로 정리하는 행위를 부정해 버리는 것입니다.

머리가 이해하는 일과
마음이 편한 일은 다르다

방이 깨끗해지면 기분이 좋아진다는 사실에 대해서는 머리로

는 잘 알고 있습니다. 하지만 정리를 하면 부모에게 강요당하는 듯한 감각이 (분명하게 자각할 수 없는 무의식의 영역에서) 생겨 버립니다. 그래서 기사가 그런 불쾌한 감정을 느낄 바에는 차라리 정리를 하지 말라고 당신을 가로막으려 합니다. 정리를 하지 않는 편이 더 나은 것입니다.

기사는 부모 자식 사이에 존재하는 상처를 떠올리지 않게 하기 위해, 자극하지 않기 위해, 부모에게 지배당해 온 불행한 마음이나 분노를 건드리지 않기 위해 오히려 당신이 정리를 하지 못하게 만들고 있는 것입니다. 정리하지 않는 행위가 상처를 떠올리지 않게 하거나 상처로부터 몸을 지키는 수단이 되는 셈입니다.

이처럼 정리를 하지 않는 것, 즉 아무리 생각해도 해결하는 편이 좋다고 생각하는 문제라 해도 마음 깊은 곳까지 파고들면 그것을 해결하지 않는 게 낫다는 사실을 깨닫게 됩니다. 바로 기사의 작용에 의한 결과입니다. 굳이 문제를 해결하지 않게 함으로써 당신의 마음을 지켜 주고 있는 것입니다.

반대 버전도 존재합니다. 유소년기에 부모가 집안일을 제대로 하지 않아 방이 늘 더러운 데다 부모 자식 사이에 문제가 있었던 경우입니다. 혹은 부모 대신 집안일을 하거나 지저분한 방을 청소한 경험이 있는 사람은 방이 더럽거나 어수선한 것을 아주 싫어합니다. 왜냐하면 지저분한 방은 슬프고 힘들었던 과거의 경험을 떠올리는 트리거(계기)로 작용해 괴로운 감정을 소환하기 때문입니다. 그래서 이처럼 두 번 다시 떠올리고 싶지 않은 감각이 되살아나지 않도록 어떻게든 방을 깨끗하게 정리하려고 합니다.

하지만 그것이 지나치면 결벽이 심해지거나 완벽주의 성향이 강해져 힘겨움을 느끼기도 합니다. 이러한 문제를 안고 있는 클라이언트 중에는 아무리 일 때문에 녹초가 되거나 컨디션이 무너진 날에도 방이 어지러운 것을 용납하지 못하는 분들이 있습니다. 결국 스스로를 채찍질해서 청소를 하고야 맙니다. 이런 사람들은 '그렇게 하지 않으면 직성이 풀리지 않는' 문제를 안고 있는 것입니다.

한 클라이언트는 아이가 방을 어지럽히는 것을 가만두지 못해서 아직 어린아이를 매번 심하게 야단쳐 고민이라고 합니다. 서너 살짜리 아이가 방을 어지럽히는 것은 당연하다고 머리로는 알고 있지만 참을 수 없는 분노가 치밀어, 이대로라면 언젠가는 아이에게 손찌검할지도 모른다며 눈물을 흘리며 호소했습니다.

클라이언트는 그 원인이 어지럽힌 방과 부모 자식 사이의 고통스러운 관계 속에서 자란 당시의 슬픔과 분노와 연관이 있다고는 꿈에도 생각하지 못했다고 합니다.

이런 분들은 그들 안에 존재하는, 어지럽히는 것을 용납하지 못하는 기사와 대화를 함으로써 방이 지저분해도 안정감을 느끼고, 결과적으로 아이와의 관계도 극적으로 개선되었습니다.

문제라는 이름의
방패막이

'이런 얘기는 처음 들었다'며 혼란스러워하는 분도 계실지 모릅니다. 일단 여기까지 읽고 알아 두었으면 하는 점은 '문제라고 생각했던 것이 사실은 당신의 마음 깊은 곳을 지키고 있다'는 마음의 작용입니다.

이 점을 인지하기만 해도 문제를 어떻게든 당장 해결하려고 초조해하거나 싫증을 느끼거나 좌절하는 빈도가 대폭 줄어듭니다. 문제에는 당신의 마음을 지킨다는 정당한 이유와 목적이 있는 셈입니다. 지금은 그것을 아는 것만으로도 충분합니다. 문제의 또 다른 측면을 알아차리기만 해도 문제가 더는 문제가 아니게 되기도 하기 때문입니다.

문제를 해결하지 못하면
얻는 이득이 있다?

지금까지 기사라고 지칭한 마음의 작용의 일부분을 더 심리학적인 관점에서 보충 설명하겠습니다. 정리 정돈을 하지 못하는 것처럼, 언뜻 문제라고 여겨지는 것 중에는 다른 목적이나 측면이 있는 경우가 있습니다. 당신이 안고 있는 문제, 해결하고 싶어 하는 일에는 그것을 갖고 있음으로써 생기는 이점이 존재합니다.

다시 말해 그 문제를 아직 해결하지 못해서 당신에게 무언가 좋은 점, 득을 보고 있는 점, 얻고 있는 점, 즉 이점이 있는 것입니다. 이것을 '이차적 이득'이라고도 부르는데, 저는 개념을 파악하기 쉽도록 간단하게 '이득' 혹은 '문제의 이점'이라고 표기할 때가 많습니다.

이 말은 1970년대에 미국에서 탄생한 NLP(Neuro Linguistic

Programming, 신경 언어 프로그래밍)의 용어 중 하나로, Secondary Gain이라는 개념에 해당하며 한국어로 옮기면 이차적 이득이 됩니다. 문제의 배경에 숨겨진, 이차적으로 존재하는 이점이라고 볼 수 있습니다.

NLP는 당시 임상 현장에서 성과를 내던 심리학자들의 기술을 정리한 데서 발전했습니다. 이 이차 이득도 기원을 따라 거슬러 올라가면 19세기 프로이트 때부터 존재했던 개념에 이릅니다. 의료 분야에서는 일반적으로 사용되고 있으며, 의료나 심리 분야 종사자 사이에서는 일반 지식으로 알려져 있는 개념이라고 생각합니다.

그중 가장 대표적인 것이 '질병 이득'입니다. 질병 이득이란 병을 앓아서(문제를 안고 있어서) 본인이 얻는 이점(이득)을 의미합니다. 이것은 의료 현장에서도 많이 사용되는 개념입니다. 엄밀하게는 '일차적 질병 이득'과 '이차적 질병 이득'이 있지만 여기서는 자세한 설명은 생략하겠습니다.

'병을 앓아서 무엇을 얻을 수 있지?', '병에 이점 같은 게 있다고?'라고 생각할지도 모릅니다. 질병 이득의 간단한 예를 들면 다음과 같습니다.

- 아프면 가족이 평소보다 잘해 준다.
- 학교나 회사를 당당하게 쉴 수 있다.
- 의사나 간호사가 잘 돌봐 준다.

병을 앓아서 이러한 좋은 점(이점)이 있으면 병이 잘 회복되지 않거나 본래라면 나았을 시점이 지나도 뚜렷하게 어디가 아프거나 병이 있지도 아니하면서 병적 증상을 호소하는 부정 수소가 계속되기도 합니다. 빨리 회복하고 싶지만 병이라는 문제를 안고 있는 것이 '왠지 모르게 좋다'고 느끼는 상황입니다. 다만 본인은 의식하거나 자각하지 못하는 경우가 많습니다.

질병 이득뿐만 아니라 이 문제의 이점(이차적 이득)은 사람마다 다르고 다양합니다. 인간관계, 성격, 일, 돈, 연애, 가족, 파트너십 문제에 이르기까지 그 이면에는 다양한 이점이 숨어 있는 경우가 많습니다. 단, 질병 이득이 의심되는 사람을 그저 게으르거나 교활한 사람이라고 판단하지 말아 주세요. 좋아서 병을 앓는 사람은 아무도 없습니다.

또한 병을 앓는 것과 질병 이득을 얻는 것이 동의어는 아니기 때문에 충분한 주의가 필요합니다. 환자분들의 이야기를 잘 들어 보면 질병 이득을 필요로 하는 슬픈 배경이 있는 경우가 대부분입니다. 일부러 병에 걸린 것은 아닌 것입니다. 스스로는 자각하지 못하는 무의식적인 마음의 작용에 의한 것이기 때문에 본인이 의도적으로 병의 이점을 얻으려는 것은 아닌 경우가 많습니다.

따라서 이 점은 오해하지 말아 주세요. 본인도 빨리 회복하고 싶지만 왠지 모르게 회복이 더딜 때 마음의 보호 반응으로서 질병 이득을 의심하는 경우가 있다는 것입니다. 걱정이 된다면 스스로 진단하지 말고 반드시 의사에게 진단을 받아 주세요.

이 이차적 이득을 예로 들면서 '언제까지 문제를 방패로 삼고 이점에 집착할 거야?', '당신의 문제가 해결되지 않는 건 그걸 안고 있는 게 편해서야!', '어서 손에서 놔 버려!'처럼 상대방을 비난하는 듯한 말을 하는 사람도 있는 듯합니다.

하지만 완전한 착각입니다. 누구나 문제는 빨리 해결하고 싶어 하고 손에서 놓아 버리고 싶어 하기 때문에 고민하고 괴로워하는 것입니다. 그럼에도 마음이 무의식의 영역에서 열심히 균형을 잡으려고 한 결과, 지금의 문제를 안고 있는 상황이 발생하는 것입니다.

'문제의 이점을 손에서 놓지 못하는 네가 잘못이야', '네가 약해서야'처럼 표면적인 근성론을 내세우는 것은 인간의 마음의 훌륭한 작용과 노력을 무시하는 지극히 단순한 사고방식입니다. 문제의 이점을 알아채더라도 상대를 비난하거나 스스로를 비난하는 행동은 절대 하지 말아 주세요.

당신의 마음은 지금 가능한 한 최선을 다해 주고 있습니다. 그 점을 꼭 잊지 말아 주세요.

이 모든 일은
상처받지 않기 위한 선택

의식적으로든, 이차적 이득처럼 자각하기 어려운 무의식적으로든 인간은 늘 자신의 이점을 위한 행동을 선택합니다. 봉사활동처럼 아무런 보상을 바라지 않는 행위도 마찬가지입니다. 그 일을 함으로써 사회에 공헌하거나 다른 사람을 돕는 등 자아를 실현하고 자신이 원하는 삶의 방식을 실행한다는 이점을 얻는 것입니다.

이것이 교활한 행동일까요? 아닙니다. 그렇게 해서 살아남은 존재가 바로 우리 인간입니다. 이득을 위해 행동하는 양식은 진화 과정에서 인간의 DNA에 짜여진 프로그램 중 하나라고 생각해도 좋습니다. 그 이점을 얻기 위한 동기 부여는 오직 둘 중 하나입니다.

① 무언가를 손에 넣기(플러스를 얻기).
② 손실을 회피하기(마이너스를 피하기).

특히 사람은 손실을 회피하려는 경향이 아주 강합니다. 이것은 행동경제학의 하나인 전망 이론(prospect theory)에서 사용되는 손실 회피성이라는 개념으로 불립니다. 사람은 무언가를 손에 넣거나 이득을 얻는 것보다 손해를 보거나 잃는 것을 회피하려는 경향이 있다는 것입니다.

당신이 지금 안고 있는 문제가 좀처럼 해결되지 않는 이유는 문제를 갖고 있음으로써 얻을 수 있는 이점, 즉 손실을 회피할 수 있기 때문입니다.

다시 말해서, 기사가 '그 문제를 해결하지 않는 편이 좋다(손실을 회피할 수 있다)'고 당신이 자각하지 못하는 무의식의 영역에서 판단하고 있기 때문입니다.

인간은 미래의 이득보다
현재의 손실에 민감하다

기사의 목적은 손실을 회피하는 데 있습니다. 그런데 그 손실이란 대체 무엇을 말하는 걸까요? 저는 임상 심리 요법이나 영양 요법을 통해 다양한 클라이언트를 만나며 모든 문제의 배경에 숨겨진 이점의 공통점은 단 하나임을 깨달았습니다. 바로 '내가 더는 상처받지 않게 나를 지킬 수 있다'는 점입니다. 즉 '상처받는 손실'을 회피하는 것입니다.

이렇게 말하면 '마음에 상처를 입는 것은 근성이나 기세로 어떻게든 해결할 수 있다'고 말하는 사람도 있을지 모릅니다. 하지만 마음에 상처를 입었을 때, 즉 정신적인 고통을 입었을 때 뇌는 마치 몸을 두드려 맞거나 발로 걸어차였을 때와 똑같은 감각을 느낀다고 합니다. 흔히 정신적 스트레스라고 쉽게 말하지만, 뇌에 가해지는 정신적 통증은 육체가 느끼는 통증처럼 고통을 동반하는 법입니다.

그 마음의 상처를 감싸고 상처를 지키는 무의식의 작용이 바로 '마음의 방어 반응'이고, 그것을 행하는 것이 우리의 기사입니다. 기사는 마음이 상처받지 않도록 당신을 필사적으로 지키려 합니다. 또한 당신이 상처를 떠올리거나 자각하지 못하게 하고, 더는 상처받지 않도록 열심히 일하고 있습니다.

이 모든 것은 무의식적으로 일어나는 작용이기 때문에 자각하기 쉽지 않습니다. 당신의 기사는 무의식중에 당신이 상처받지 않도록, 일상생활 속에서 스트레스에 노출되지 않도록, 무리가 가해지지 않도록 온 힘을 다해 마음을 지켜 주고 있습니다. 마음에 상처를 입는 것은 누구나 절대적으로 피하고 싶은 일일 것입니다.

특히 과거에 마음에 상처를 입은 적이 있고 그 상처가 아직 완전히 치유되지 않은 사람이라면 두 번 다시 같은 경험을 하고 싶지 않다고 무의식적으로 강하게, 아주 강하게 생각할 것입니다.

육체의 상처를 예로 들어 보면 쉽게 이해할 수 있습니다. 예를 들어 당신의 오른손에 실제로 상처가 있다고 가정해 봅시다. 그 상처가 아직 낫지 않았는데 그 위에 또 다른 상처가 생기면 그 고통은 말로 다 표현할 수 없을 정도로 심할 것입니다. 평소에는 오른손의 상처를 잊고 있어도 상처는 계속 거기에 존재하고, 의식을 기울이면 다시 아프기 시작합니다. 그렇다면 상처를 건드리는 것은 물론이고 상처의 존재를 의식하는 것조차 피하려 하게 됩니다.

앞서 질병 이득으로 인해 가족 혹은 의사나 간호사와 계속해서 관계를 유지하려고 하는 경우가 있다고 말했습니다. 이런 사람은 어렸을 때 고독하고 괴로운 경험을 해서 오래전부터 고독해지는 데 대한 공포를 심하게 느끼고 있을지도 모릅니다.

또한 있는 그대로의 모습으로 사람들과 어울리고 싶지만, 그 방식을 모르는 서툰 사람일지도 모릅니다. 그렇다면 병에 걸려서라도 누군가와 관계를 맺는 것이, 건강하지만 고독해지는 것보다 낫고 마음의 상처라는 손실을 회피할 수 있을 것입니다.

특히 유소년기부터 안고 있는, 아직 치유되지 않은 마음의 상처는 깊이가 깊은 경우가 많습니다. 비슷한 일로 인해 마음에 상처를 입는 것은 누구나 어떻게든 피하고 싶고, 무슨 일이 있어도 반복되지 않길 바랄 것입니다.

있는 그대로일 때
나의 세 가지 특징

필사적으로 당신이 상처받지 않도록 애쓰는 기사에게는 크게
세 가지 특징이 있습니다.

① 서툴다.

② 극단적이다.

③ 걱정이 많다.

첫 번째, 아주 서툽니다.

왜냐하면 대부분의 기사는 어렸을 적 당신을 지키기 위해 탄생했고, 기사의 내면은 어렸을 때 모습 그대로이기 때문입니다. 기사는 인간이 가진 훌륭한 '마음의 방어 기능'이지만, 어렸을 적 우리 스스로 만들어 낸 또 하나의 '어린 나'이기도 한 것입니다. 다시 말해서 기사는 마음도 지식도 어렸을 때 그대로입니다. 따라서 기사는 아이의 방식으로 당신을 지키려 하기 때문에 어쩔 수 없이 그 방식이 서툽니다.

두 번째, 극단적입니다.

당신이 어렸을 때 탄생한 기사는 성인처럼 사물과 사건을 부감하고 냉철하게 판단하지 못합니다. 마음의 상처를 지키기 위해 어쨌건 필사적으로 행동하기 때문에 극단적인 방법으로 당신의 마음을 지키려고 합니다.

이를테면 방 정리를 못 하게 하거나 병에 걸리게 하고, 인간관계에 문제를 일으키거나 경제적으로 곤란하게 만드는 등 아주 극단적인 방법으로 당신을 지키려 하기도 합니다. 다만, 악의는 조금도 없습니다.

세 번째, 걱정이 많습니다.

기사는 당신을 걱정하고 또 걱정합니다. 아무도 도와주지 않는 만큼 자신이 어떻게든 당신을 지켜야 한다고 압박을 느낄 뿐만 아니라 당신이 두 번 다시 상처받아선 안 된다고 늘 걱정합니다. 기사는 당신이 또다시 상처받지 않도록 최악의 사태를 상정하고 당신을 필사적으로 지키려 합니다. 기사는 걱정이 정말 많습니다.

시간에 쫓기는 상태가
편한 사람의 심리

지금까지 기사의 세 가지 특징을 살펴봤습니다. 이처럼 서툴고 극단적이고 걱정 많은 기사는 당신 안에 정말 많이 존재합니다. 인간관계, 성격, 일, 돈, 연애, 가족, 파트너십, 자아실현 ….인생의 각 분야를 분담해서 당신의 마음을 지켜 주고 있습니다.

모든 기사는 당신의 마음을 지킨다는 임무를 맡아 열심히 일하고 있습니다. 그리고 얄궂게도 당신이 안고 있는 문제나 개선하고 싶은 모든 일은 서툴지만 기사들이 당신을 필사적으로 지키려 하기 때문에 일어나고 있습니다. 당신에게 상처를 주는 일들로부터 당신을 지키기 위해 열심히 애쓴 결과가 당신에게는 문제라는 형태로 나타나고 있는 셈입니다.

이해를 돕기 위해 지금까지 심리 세션을 통해 만난 클라이언트들의 기사의 작용을 예로 들어 간단하게 소개해 보겠습니다. 심리 세션을 통해 만난 클라이언트 중에는 '시간에 쫓기면 쓸데없는 생각을 하지 않아도 된다'는 것을 깨달은 분도 있습니다.

"바쁘면 불안감이나 초조함, 스트레스를 느끼지 않아도 돼서 좋아요."

"시간 여유가 생기면 쓸데없는 생각이 들어서 침울해져요."

이렇게 말하는 분들이 의외로 많습니다.

시간에 쫓기는 것은 싫지만, 사실은 시간에 쫓기는 편이 정신적으로는 더 편한 것입니다. 이 상태가 심해지면 일의 노예가 되거나 교감 신경이 늘 우위를 점해 편히 쉬지 못하거나 잠들지 못하는 등 자율 신경 문제로 확대되기도 합니다.

혹은 '바쁘지 않으면 내게는 가치가 없고 존재 의미가 없다' 같은 생각이 든다는 것을 깨닫는 사람도 있습니다. 특히 유소년기부터 무언가를 해냈을 때(시험에서 좋은 점수 받기, 집안일 돕기 등)에는 칭찬을 받지만, 아무것도 하지 않는 상태(낮잠 자기, 뒹굴거리기 등)로 있으면 늘 비난받았던 사람이 그렇습니다.

항상 무언가 의미 있는 일을 하지 않으면 '여기에 존재해서는 안 된다'거나 '내가 있어야 할 자리가 없다', 더 심하게는 '살아선 안 된다', '살아 있는 가치가 없다' 같은 생각을 하기 쉽습니다. 시간에 쫓기지 않게 되면 '내게는 가치가 없다'거나 '그런 나한테 살아 있는 의미는 없다' 같은 생각을 한다는 것을 기사는 알고 있습니다. 그래서 일부러 시간에 쫓기도록 이것저것 끌어안게 만들 때도 많습니다.

좋은 핑계는
그럴싸한 명분이 된다

또 다른 이유에는 이런 것도 있습니다.

"시간이 생겨 버리면 하고 싶은 일에 몰두할 수 있어요."

하지만 그게 무섭다는 것을 깨닫는 사람도 많습니다. 시간이 생기면 꼭 실현하고 싶은 목표, 이루고 싶은 꿈이 있는데 막상 거기에 몰두해 버리면 결과가 나와 버리고, 그 결과의 가능성이 분명해져서 상처를 받을 바에는 차라리 바쁘다는 걸 이유로 삼는 편이 더 나은 것입니다.

가능성을 그대로 열어 두고 언젠가는 하면 할 수 있다고 생각해야 현실을 직시하지 않아도 되는 것이죠. 현실에서는 확실하게 결과가 나오지 않기 때문에 상처받지 않아도 된다는 게 이유입니다. '오늘은 바쁘지만 내일부터는 열심히 해야지'라고 생각한다는 것은 최선을 다하면 언제든 좋은 결과를 낼 수 있다는 가능성 속에서 살아갈 수 있다는 것입니다. 도전했지만 실패했다는 상처로부터 마음을 지키는 것이 가능한 셈입니다.

하고 싶지만
하지 못하는 사람의 심리

예를 들어 "사업을 시작하고 싶어요", "만화가가 되고 싶어요", "해외여행을 가고 싶어요"처럼 바라는 바가 있지만, 당장은 바빠서 실행할 수 없는 경우, 만약 사업을 시작하거나 만화가가 되기 위해 어떤 행동을 하면 성공 혹은 실패 둘 중 하나로 결과가 명확하게 나옵니다.

그 결과를 마주하기가 무서워서 '언젠가 하면 된다'는 상태로 남겨 두고 싶은 것입니다. 실제로 구체적인 행동을 해서 그 과정에서 괴로운 감정을 느끼거나 결과가 나와 버리는 것보다 '하면 할 수 있을 것'이라는 가능성 안에서 살아가야 상처를 받지 않을 수 있습니다.

자신의 실력을 직시하고 싶지 않거나 알고 싶지 않은 상태라고도 할 수 있습니다. 바빠서 할 수 없는 게 아니라 오히려 스스로를 바쁘게 만들고 자아실현을 위한 행동을 하지 않으려는 것입니다. 즉 계속 바쁘게 지냄으로써 행동한 결과에서 받게 될 마음의 상처로부터 스스로를 지키고 있는 상태입니다.

해외여행도 마찬가지입니다. 해외여행을 자주 가지 않는 사람에게 일상에서 벗어나는 것은 조금 무서운 일입니다. 용기와 에너지도 필요하고 실행 과정에서 문제가 발생할지도 모릅니다. 그래서 상처를 받을 바에는 '언젠간 가자' 정도로 내버려두는 편이 상처도 받지 않고 성가시지도 않고 스트레스에서 벗어날 수 있는 것입니다.

직접 해 본 적 없지만 하고 싶은 일은 실현 과정에서 상처받을 가능성이 있기 때문에 누구에게나 무서운 일입니다. 무엇보다 그 일이 잘 풀리지 않으면 큰 상처를 받습니다. 그래서 시간이 없다거나 바쁘다는, 누구나 납득할 수 있는 명분을 내세워서 자기 자신과 주변 사람을 납득시킵니다. 그렇게 스스로를 속여서 상처받을 가능성으로부터 몸을 지키는 것이죠.

이처럼 시간에 쫓기는 사람들의 이야기를 잘 들어 보면 사실은 인터넷상에서 빈둥거리며 시간을 낭비하고 있다고 말합니다. 무익하고 불필요한 일에 시간을 쓰고 있을 뿐이지 시간이 없는 것은 아닌 경우가 많습니다. 시간이 없다는 명분은 스스로를 속인다는 부끄러움이나 한심함까지도 숨겨 줍니다. 이 역시 기사의 작용입니다.

상처는 덮으려 하고
부정적 감정은 억누르려 한다

이러한 기사의 작용은 돈 문제와도 관련이 있습니다.

"마침 돈이 모였을 때 계속 돈 쓸 일이 생겨 결국 다 사라진다."

돈이 모이지 않아서 곤란하다는 클라이언트들이 이처럼 말하는 경우가 많습니다. 잘 들어 보면 어째서인지 가전제품이 고장 나서 다시 사야 하거나 과소비를 하는 경우가 있습니다. 이 역시 기사가 당신을 생각해서 돈이 모이지 않도록 만든 상황일 가능성이 높습니다. 심리 세션을 통해 무의식의 영역에 접근하면 '돈이 모이면 하고 싶었던 일이 실현돼 버린다. 그게 무섭다'는 마음을 깨닫는 분들이 많습니다.

앞서 '시간이 없다'에 숨겨진 이유와 똑같습니다. 꿈을 이뤄서 자아가 실현돼 버리는 것은 사실 너무 무섭고, 상처받을까 두렵고, 그래서 가능성을 열어 두고 싶은 마음을 '돈이 없다'는 이유로 정당화할 수 있는 것입니다. 시간이 없다는 것과 마찬가지로 돈이 없다는 것은 누구나 납득할 수 있는 명분입니다.

저 역시 납득할 수 있습니다. 돈이 없다는 것은 그 일을 하지 않아도 되는 최고의 이유가 됩니다. 기사는 그 점을 잘 알고 있어서 돈이 모였을 즈음 굳이 돈을 쓰도록 당신을 조종할 가능성이 있습니다.

부자가 되고 싶지만
돈이 안 모이는 사람의 심리

부모에 대한 죄악감을 의식하고 싶지 않아서 돈이 모이지 않게 하는 유형도 있습니다. 돈 때문에 고생한 부모님을 보고 자란 사람은 자신만 돈을 써서 하고 싶을 일을 하는 데 죄악감을 느낍니다. 자신이 좋아하는 데 돈을 쓰는 것을 강하게 금지당해 온 사람도 자신의 즐거움이나 자아실현을 위해 돈을 쓰는 데 마찬가지로 죄악감을 느낍니다.

이 죄악감은 너무 강력해서 마치 부모를 배신하는 듯한, 부모의 인생을 짓밟는 듯한 감각까지 느끼는 경우가 많고 결국 큰 상처를 안겨 줍니다. 돈이 모이지 않으면 죄악감과 자아실현 사이에서 갈등할 필요가 없기 때문에 돈이 모이지 않는 게 사실은 더 편한 것입니다.

돈이 모이면 친구와 멋진 호텔을 다니며 여행을 다니거나 우아하게 차를 마시고 싶다는 평범한 꿈을 가진 여성 클라이언트가 있었습니다. 이분이 바라는 자아실현 중 하나일 것입니다. 그런데 목표한 돈이 잘 모이지 않는다며 상담을 하러 오셨습니다. 심리 세션을 통해 그녀의 마음을 들여다보니, 그 꿈을 이루면 마치 부모에게 "어떻게 돈을 그렇게 낭비하니?", "나는 온갖 고생하며 너를 키웠는데 좋은 호텔에서 차도 마시고 아주 좋겠네" 같은 말을 들을 것이라고 걱정하고 있었습니다. 그래서 부모에게 면목이 없고, 죄악감이 치밀어 올랐다고 합니다.

그뿐만 아니라 여행지에서 친구와 싸우거나 병에 걸리거나 다칠지도 모르고, 실제로 그런 일이 일어나면 "나는 왜 늘 일이 잘 안 풀리는 걸까?" 하며 스스로를 원망할 것 같다는 강한 불안감도 존재했습니다.

하지만 직접적인 요인인 불안감이나 부모에 대한 죄악감을 이유로 여행을 포기하는 건 슬프고 한심하고 화가 나기도 합니다. 심지어 과거의 이런저런 상처를 떠올리게 하기도 합니다. 그래서 일부러 '지금은 돈이 없으니까'라는 손쉽고 표면적인 명분을 내세워 행동을 멈추고 있던 것입니다. 돈이 모이지 않는다는 것은 아주 곤란한 문제지만 이 문제 덕에 더 깊게 상처받지 않고 마음을 지킬 수 있었죠. 기사는 이 모든 것을 알고 돈이 모이지 않게 만들고 있었던 것입니다.

돈에 관한 주제는 개개인의 배경에 따라 서로 다르고 수많은 종류의 기사와 관련되어 있습니다. 하지만 공통점은 기사는 결코 나쁜 마음을 품고 있지 않고 단지 돈이 모이지 않게 함으로써 당신의 마음을 지켜 왔다는 것입니다.

내가 살아온
방식을 인정하라

지금까지 다양한 기사의 작용에 대해 이야기했습니다. 그럼에도 여전히 납득하기가 어려운 분들을 위해 시점을 달리해 설명해 보겠습니다. 좀 더 심리학적으로 접근하여 설명해보려 합니다.

기사의 작용의 일부를 간단히 표현하면 '인지 왜곡' 중 하나라고 바꿔 말할 수 있습니다. 인지란, 현실을 인식하는 방식, 받아들이는 방식, 판단이나 해석을 말합니다.

'컵에 물이 절반 차 있다'에 대한 해석 유형에 대해 들어 본 적 있을 것입니다.

① 절반밖에 남지 않았다.
② 절반이나 남아 있다.

이것은 인지의 차이에 따른 것입니다. 즉 현실을 받아들이는 방식이 다른 것입니다. 인지에 개인차가 있는 것은 당연합니다. 하지만 여기에 강한 왜곡이 가해지면 컵에 들어 있는 절반의 물을 보고 '이 물을 다 마시면 이제 두 번 다시 물을 마실 수 없다' 거나 '탈수로 죽어 버릴지도 모른다' 같은 극단적인 해석이나 강한 불안감에 도달하기도 합니다. 이것은 인지가 왜곡되어 있는 상태입니다.

사소한 일도 극단적으로
생각하는 사람의 심리

인지 왜곡은 비유하자면 색안경이나 선글라스를 쓴 상태입니다. 세계가 평평하게 있는 그대로 보이는 것이 아니라 어둡고

새카맣게 보이는 것입니다. 예를 들어 생글생글 웃는 사람과 눈이 마주쳤을 때 '지금 저 사람이 나를 비웃었어. 내가 뭘 했다고 저러는 거지? 머리 모양이 이상한가? 너무 기분이 나빠'처럼 자신이 바보 취급을 당했다고 생각하는 사람도 있습니다. 그저 생글생글 웃는 사람과 눈이 마주쳤을 뿐인데 말이죠. 갑자기 재미있는 생각이 떠올랐을지도 모르고 무언가 좋은 일이 있었는지도 모릅니다. 이유는 다양할 것입니다.

다른 예로, 직장 동료에게 인사를 했는데 반응이 없었을 때 하필이면 동료가 다른 일 때문에 바빠서 그저 당신의 인사를 알아채지 못했을지도 모릅니다. 하지만 인지가 왜곡되면(색안경을 끼고 현실을 바라보면) 동료가 인사를 의도적으로 무시했다고 받아들여 버립니다. '내가 기분 나쁜 짓을 했나?', '날 싫어하는 걸까?' 같은 극단적인 수용 방식을 취해 버리는 것이죠.

인지가 왜곡되는 이유 중 하나는 마음을 지키기 위함입니다. 필요 이상으로 스스로가 불안해지도록 해석함으로써 미래에 일어날지도 모르는 안 좋을 일에 대비해 상처받지 않고 몸을 지킬 수 있다고도 말할 수 있습니다. 예를 들어 '다른 사람에게 미움 받을지도 모른다'고 경계하는 것이 상대방에게 마음을 열어서 미움받았다고 느끼는 것보다 충격이 적고 그나마 더 나은 것입니다.

또한 인지 왜곡은 마음의 방어 기제 같은 심리적 문제뿐만 아니라 우울증이나 인지증처럼 뇌 기능에 오류가 생겼을 때도 일어납니다. 이외에도 뇌경색 같은 육체적 원인이나 혈당치의 급격한 변화, 뇌의 영양 결손, 신경 전달 물질의 난조 등으로 일어납니다. 모든 것이 심리적, 정신적 원인으로 귀결하지는 않기 때문에 주의가 필요하고, 증상과 원인에 맞춰 대처법을 바꿔 나갈 필요가 있습니다. 필요하다면 반드시 의사에게 진단을 받고 지시에 따라 주세요.

인지 왜곡은 인지 행동 등을 통해 수정 가능한 경우도 있지만 기사에게 잔재주는 듣지 않습니다. 오히려 잔재주로 어떻게든 대응하려 할수록 기사는 더 완고해집니다. 심리학을 열심히 공부해 온 사람이나 자기 계발을 열심히 한 사람일수록 잔재주로 어떻게든 해결하려는 경향이 있기 때문에 오히려 문제를 해결하지 못하는 모순에 빠져 버리기 쉽습니다. 특히 우리는 문제를 빨리 해결하고 싶어 하고 아무런 문제없는 근사한 사람이 되고 싶다며 초조해하기 쉽습니다.

하지만 그것은 곧 지금까지 열심히 살아온 자신의 방식, 삶의 방식을 부정하는 것입니다. 열심히 노력해 준 기사를 거절하는 것입니다. 다시 말해서 지금까지 살아온 자신에게 실례를 범하는 것입니다. 중요한 점은 기사를 이해하고 기사와 대화하는 것입니다. 그리고 자기 자신의 수수께끼를 이해하는 것입니다.

다음 장에서는 기사에 대해 좀 더 자세히 알아보려고 합니다.

나에게 신경 쓰는 연습 `````

- 당신을 힘들게 하는 많은 문제가 사실은 당신을 지키기 위해 존재해 왔습니다. 무의식 속 기사가 당신을 위해 쉽게 해결되지 않는 문제나 사건들을 만들어 내고 있던 것입니다.

- 기사는 서툴지만 열정적이기 때문에 당신을 지키려는 행동이 오히려 당신을 괴롭게 만들었습니다. 하지만 이러한 기사가 우리 무의식에 있다고 해서 내 마음에 문제가 있는 것은 아닙니다.

- 기사는 모든 사람의 마음에 존재합니다. 항상 웃고 있는 사람에게도, 아주 행복한 가정에서 자라는 사람에게도 기사는 존재합니다.

- 방 정리, 돈 관리, 시간 관리, 건강 등과 같은 문제로 고민이 많다면, 그래서 자책하고 있다면 멈추세요.

- 일상에서 당신이 느끼는 문제들에는 저마다 나름의 이유가 있습니다. 불안함의 정도, 어릴 적 가정 환경, 부모와의 관계 등을 먼저 생각해 봐야 합니다.

- '날 싫어하는 건 아닐까?', '다른 사람에게 미움받을지도 모른다'는 극단적인 수용 방식은 버리세요.

- 누구나 자신이 가진 문제를 빨리 해결하고 싶어 합니다. 그러나 문제 해결을 위해 무엇보다 필요한 것은 무의식 속 또 다른 나와 대화를 시도하는 일입니다.

타인을 위했던 마음을 자신에게 쓰세요

·

방어 기제의 작동 방식 이해하기

어린아이 스스로
자신을 지키는 법

"당신을 지키려 하는 기사가 있습니다."

이런 말을 들어도 여전히 잘 와닿지 않을지도 모릅니다. 무엇보다 그 모습이 너무 서툰 나머지 지금 우리가 안고 있는 문제가 일어나고 있다고 하니 오히려 귀찮기 짝이 없다고 느끼는 사람도 있을지 모릅니다. 실제로 이 기사의 존재를 이해한 제 클라이언트나 수강생 중에는 강한 혐오감을 드러내는 사람도 적지 않습니다.

"기사는 너무 짜증 나."

"기사만 없으면 잘 해결됐을 텐데 쓸데없는 짓은 하지 말았으면 좋겠어."

"기사는 결국 나약한 내 모습 같아서 싫어."

하지만 기사는 당신을 필사적으로 지키려는 과정에서 태어난 당신의 일부입니다. 기사가 태어난 목적이나 기사의 진정한 마음을 깊게 이해하면 그 혐오감이나 오해, 엇갈림이 해소되어 기사에게 보호받아 왔음을 마음 깊이 실감할 수 있게 됩니다. 그래서 이번 장에서는 '기사의 진짜 모습'에 대해 알아보고 아래의 의문점을 하나씩 살펴보겠습니다.

기사는 언제 탄생했는가?

어떻게 태어났는가?

정체는 무엇인가?

기사 본인은 어떤 감정을 느끼는가?

기사의 진심은?

나한테 신경 써 준
어른이 없었으니까

기사가 탄생하는 시기는 대부분 유소년기, 즉 어렸을 때입니다. 성인이 되고 나서 탄생하는 기사도 있지만, 대부분은 유소년기에 탄생한 기사와 관련이 있습니다. 많은 기사는 유소년기에 당신의 마음을 지키기 위해 탄생합니다.

기사가 탄생하는 계기는 '어리지만 스스로 어떻게든 해결할 수밖에 없었던 경험'을 했을 때입니다. 특히 어렸을 적 다음과 같은 상황에 놓이면 기사들이 많이 탄생합니다.

- 가정 문제나 양육자(주로 부모)와의 관계 때문에 힘들었다.
- 부모의 심신 문제를 비롯해 감정을 돌봐야만 했다.
- 양육자(주로 부모)나 주변에 기댈 만한 어른이 없어서 슬픔이나 괴로움, 고독감을 혼자 끌어안고 참아 왔다.

이것은 자식에게 독이 되거나 육아에 태만한 부모, 제대로 기능하지 못하는 가정처럼 극단적인 형태의 공동체 안에서 자란 사람에게만 해당하는 이야기가 아닙니다. 사랑을 받으며 자란 사람이라 할지라도 다음과 같이 흔히 접할 수 있는 상황에서 기사는 탄생합니다.

- 늘 가족의 험담을 들으며 자랐다(예: 어머니가 늘 아버지나 할머니, 할아버지를 험담했다 등).
- 가족 사이가 좋지 않았다.
- 가정의 분위기가 어둡거나 딱딱했다.
- 부모의 상태가 불안정해서 늘 신경을 쓰고 안색을 살폈다.
- 부모의 간섭이 심했다.
- 부모가 완전하게 방임했다.
- 내 진로를 부모가 결정했다.
- 늘 부모의 기대에 부응하기 위해 필사적이었다.
- 형제와 잘 지내지 못했다.
- 형제를 대하는 부모의 태도에 차이가 있었다.
- 돈 문제로 가족이 늘 싸웠다.
- 부모가 이혼하거나 사별했다.
- 부모가 병에 걸리거나 한부모 가정에서 자라 부모나 양육자를 지원해 왔다.

가정마다 각자의 사정이 있고 완벽한 가정은 존재하지 않습니다. 부모는 부모 나름대로 잘해 줬다고 이해하는 분도 있을 것입니다. 다만 한편으로 그 소용돌이 속에서 힘들고 괴로운 감정을 보듬어 주고, 당신을 알아주는 어른이 주변에 없었다는 것도 또한 사실이라고 생각합니다.

세상에 완벽한
어른은 없다

당신은 어렸을 때부터 늘 가족을 신경 쓰고, 가족의 기대에 부응하려 노력하며 가족을 떠받쳐 왔을지 모르지만, 막상 당신의 감정을 보살펴 준 어른이 있었나요? 이렇게 말하는 분도 있을 것으로 생각합니다.

"그런 여유가 있는 어른이 주변에 없었어요."
"가정의 분위기상 그럴 상황이 아니었어요."

"어쩔 도리가 없었어요."

"그 점은 이해할 수 있어요."

어떠한 이유로 주변의 어른들은 일상에 쫓겨 여유가 없고, 당신이 느끼는 고되고 슬프고 괴로운 감정을 보듬어 주지 못했기 때문에 당신도 참는 게 당연해진 건 아닐까요? 그런 환경에 있을 때도 기사는 당신을 돕기 위해 탄생합니다.

또 가정 내에서뿐만 아니라 학교에서 따돌림을 당하거나 친구 문제로 고민하거나 병에 걸렸을 때도 기사는 탄생합니다. 특히 이처럼 괴로운 상황에 놓인 당신에게 다가가 마음을 보듬어 준 어른이 없을 때 당신이 상처받지 않도록 기사가 탄생합니다.

몸이 성장했다고 마음도
같이 성장한 것은 아니다

완벽한 어른과 완벽한 가정은 존재하지 않습니다. 성장 과정에서 크든 작든 다양한 상처를 경험하는 것은 당연한 일입니다. 정도의 차이는 있겠지만 누구나 유소년기에 탄생한 기사들과 함께 살고 있습니다. 마음의 방어 기제인 기사가 당신 안에 존재하는 것은 당연한 일입니다.

다만 그 작용이 너무 강하면 쉽게 해결할 수 없는 문제가 되어 표면으로 드러나 버릴 뿐입니다. 기사가 존재하는 것 자체는 이상하고 기묘한 일이 아닙니다. 기사가 태어나는 계기가 생기더라도 여러분이 직접 기사와의 관계를 개선할 수 있으므로 안심하세요.

부모나 자라 온 환경을 원망하고 계속 비난해도 문제는 해결되지 않습니다. 지금껏 자라 온 역사 속에서 기사가 탄생한 계기인 부모 안에도 기사가 존재합니다. 부모 안에 있는 기사의 극단적인 행동으로 인해 얄궂게도 아이였던 우리가 상처를 받는 일이 일어납니다. 그리고 이것은 세대 간에 연쇄적으로 일어나기 때문에 우리의 부모 역시 그들의 부모(조부모)에게 상처를 받고, 조부모도 그들의 부모(증조부모)에게 상처를 받는 경우가 매우 많습니다. 우리의 힘으로는 해결할 수 없었던 가족의 문제이기도 합니다.

하지만 부모를 비롯한 타자에 대한 원망과 분노로 범벅된 채로 당신의 인생을 개선할 순 없습니다. 분노나 원망이 치밀어 오르는 그 마음은 충분히 이해합니다. 그 역시 당신 안에 존재하는 기사가 반응하고 있을 뿐입니다. 기사를 이해하면 금세 해결됩니다. 당신이 당신의 손으로 해결해 나갈 수 있습니다.

사회적 동물인 인간은 어렸을 때부터 반드시 타자와 관계를 맺고 살아갑니다. 주위의 어른이나 형제들과의 관계 속에서 마음을 키워 나가죠. 세상에 태어나 현실 세계를 살다 보면 공포, 괴로움, 불쾌감, 슬픔, 수치심 같은 감정이나 감각을 유발하는 사건이 일어납니다.

이때 다른 사람의 도움으로 마음을 온화한 상태로 되돌리는 경험은 마음이 자라는 과정에서 굉장히 중요합니다. 이것은 '협동 조정' 중 하나로, 심리나 보육 분야에서 사용되는 전문 용어입니다.

어렸을 때는 자신 안에 생겨난 공포, 괴로움, 불쾌감, 슬픔, 수치심 같은 부정적인 감정이나 감각을 다루는 법을 모릅니다. 그래서 어른의 도움을 받아 감정이나 감각들에 함께 대처하는 경험이 필요합니다. 예를 들어 공포를 느꼈을 때 "무서웠지? 이제 괜찮아"라는 말과 함께 위로와 격려를 받는 식입니다.

주로 부모를 비롯한 양육자의 도움을 받아 불쾌한 경험이나 감정, 감각을 어루만지면 점차 마음이 자립해 가고, 혼자서도 금세 공포나 슬픔 같은 감각에 적절하게 대처할 수 있게 됩니다. 또한 협동 조정은 공포나 괴로움을 즉시 가라앉히기 때문에 깊은 상처를 남기지 않습니다.

누구나 마음속에
여러 명의 기사가 존재한다

이 협동 조정을 충분히 하지 않으면 어리고, 무력하고 약한 상태에서 공포와 괴로움, 슬픔 같은 감정이나 그것을 유발하는 경험에 스스로 대처해야만 합니다. 뇌가 충분히 발달하지 않은 상태에서 불쾌한 감정이나 감각에 온전히 혼자 대처하는 것은 거의 불가능합니다.

결과적으로 어렸을 때는 아무리 노력해도 부정적인 경험이 상처로 남아 버립니다. 그리고 그 상처는 다음과 같은 이중 상처로 발전합니다.

① 괴로운 경험 그 자체.
② '아무도 도와주지 않았다', '내 마음을 알아주지 않았다'는
   원통함과 비참함.

이러한 이중 상처를 두 번 다시 경험하고 싶지 않고, 앞으로도
공포와 괴로움, 불쾌감, 수치심 같은 부정적인 감정이나 감각에
스스로 대처해야만 할 때 탄생하는 것이 마음의 방어 기제인 기
사입니다.

기사에게 나는 여전히
상처받은 어린아이

인간의 마음은 정말 잘 만들어져 있습니다. 아무도 도와주지
않고 아무도 내 마음을 알아주지 않는다고 이해한 순간부터 내
안에 또 하나의 나를 만들어 냅니다. 아무도 도와주지 않는다면
내 안에 또 다른 누군가를 만들어 내서 나를 지켜 달라고 하는
것입니다. 나를 지켜 줄 수 있는 '부모를 대신할 존재'를 마음속

에 스스로 만들어 냅니다. 즉 필사적으로 살아남기 위해 미숙하지만 내 안에 나를 지켜 줄 수 있는 또 다른 존재를 어떻게든 만들어 내는데, 이것이 바로 기사의 정체입니다.

이것은 인간이라면 누구나 갖고 있는 힘입니다. 이상하거나 기묘한 것이 아닙니다. 정상적인 마음의 작용입니다. 앞서 1장에서도 설명했지만, 각자 정도의 차이는 있으나 나를 지키기 위해 태어난 또 하나의 내가 우리 모두의 마음속에 존재하고 있습니다.

심리 세션을 통해 클라이언트들의 기사를 만날 때마다 저는 늘 감동합니다. 사람 마음의 강건함, 누군가에게 배우지 않아도 스스로를 지키는 그 기능에 감동해 눈물이 날 때가 있습니다. 다만 우리 스스로는 내 안에 또 하나의 나(기사)를 만들어 내서 마음을 지키고 있음을 처음에는 깨닫지 못합니다. 여러 차례 연습을 거듭하지 않으면 이 기사를 알아챌 수 없습니다. 당신 자신도 기사와 당신을 처음에는 구별하지 못합니다.

그만큼 기사는 당신과 하나가 되어 당신의 옆에 계속 함께하는 존재입니다. 참고로 이 기사는 여러 명 존재합니다. 문제의 각 분야에 담당 기사가 존재하는 식입니다. 여러 명의 기사가 당신의 '마음을 지키는 미션'을 수행하기 위해 열심히 노력하고 있다고 생각해 주세요.

기사의 목적은 당신을 지키는 것입니다. 기사가 탄생한 어렸을 적에는 그 작용이 제대로 기능해서 분명 당신을 잘 지켜 주었습니다.

예를 들어 누군가에게 큰 상처를 받았는데 아무도 그 상처를 보듬어 주지 않았을 때, 당신이 두 번 다시 상처받지 않도록 다른 사람과 어울리지 않게 하거나 사람을 경계하게 만드는 기사가 탄생합니다. 그 결과 당신이 낯을 가리거나 다른 사람의 안색을 살피게 하는 등 기사 나름의 방식으로 당신을 지키려고 합니다.

어렸을 때는 그 방식으로 스스로를 지키는 것이 분명 가능했습니다. 그 방식이 효과가 있었던 것입니다. 하지만 어른이 되고 나서는 살아가며 타인과의 교류를 피하기가 어렵습니다. 그럼에도 기사는 어렸을 때의 방식밖에 알지 못합니다. 지금도 당신을 걱정해서 당신이 다른 사람과 어울리지 못하게 조종해서 도와주고 있습니다.

그 결과 인간관계에 고민이 생기거나 정신적 피로 때문에 고통을 받게 됩니다. 어른이 된 당신은 그러한 문제를 끌어안고 있는 것입니다. 당신의 마음을 지키는 그 당시 마음의 방어 기제, 즉 기사의 방식이 지금은 잘 맞지 않는 셈입니다. 그럼에도 과거의 낡은 방식이 그대로 유지되고 있는 것입니다.

어린 기사에게 판단을
맡기면 생기는 일

앞서 1장에서 소개했듯이 기사에게는 크게 세 가지 특징이 있습니다.

① 서툴다.
② 극단적이다.
③ 걱정이 많다.

왜냐하면 기사들이 탄생하는 시기는 주로 당신이 어릴 때이기 때문입니다. 당신이 어렸을 때 탄생하는 기사는 사실 당신처럼 어립니다. 당신의 마음을 지키는 역할을 훌륭하게 해내고 있지만 알맹이는 너무 미숙하기 때문에 그 방식이 과거에는 효과가 있었을지 몰라도 지금은 통하지 않는 경우가 대부분입니다. 그래서 상처로부터 마음을 지키는 방식이 서툴고 극단적이기도 합니다. 그리고 늘 당신을 걱정하기 때문에 사건에 과민하게 반응해서 오히려 문제를 일으켜 버립니다.

예를 들어 음식점 같은 곳에서 점원에게 큰소리치며 화를 내는 사람을 본 적 없으신가요? 그 모습을 보며 '어린아이 같은 행동이네', '저렇게까지 할 필요 없지 않나?'라고 생각한 적 없으신가요? 어쩌면 당신도 화가 치밀어 이성을 잃고 가족에게 고성을 지르거나 감정에 취해 다른 사람을 비난한 경험이 있을지도 모릅니다.

시간이 지나고 나서 스스로를 냉정하게 돌이켜 보면서 '내가 왜 그런 짓을 했지?' 하며 반성한 적이 있을지도 모릅니다. 화나게 만든 상대의 잘못이 있는지 없는지는 일단 덮어 두고 먼저 이 또한 기사의 작용이라는 점에 주목해야 합니다.

마음은 잘잘못을
가릴 수 없다

분노는 우리 자신을 지키는 감정이자 꼭 필요한 감정입니다. 하지만 과도하게 분노를 표출한 뒤에 시간이 지나 냉정을 되찾고 반성하는 행동은 기사가 당신을 지키기 위해 일으킨 행동입니다. '상처받았다!'고 생각한 순간, 걱정이 많은 기사는 온 힘을 다해서 당신을 지키려고 당신이 분노하거나 고함을 지르는 등의 극단적인 행동을 하게 만듭니다.

상대에게 필요 이상으로 화를 내어 원하는 바를 관철하려는 사람의 심리적 배경에는 다양한 원인이 있습니다. 그중에는 상대방에게 받아들여지지 못했다는 슬픔이나 자신에게 가치가 없다는 느낌을 강하게 재인식하는 데 대한 공포 등이 있습니다. 그러한 감정을 분노로 전환해서 그 상황을 회피하려는 것입니다.

실제로는 가게의 규칙이나 악의 없는 우발적인 사고가 원인이라 해도 공격을 받은 듯한 감각, 무시당하고 업신여김당한 듯한 감각이 치밀어 오르는 것입니다. 실제로 어렸을 적 따뜻한 보살핌을 받지 못한 사람은 왜곡해 인지하는 경우가 많습니다. 그 결과 기사도 그 당시의 상처로부터 당신을 지키기 위해 더 강하게 작용합니다.

　또한 기사는 미숙하기 때문에 어른으로서, 사회인으로서 냉정하게 바라는 바를 이야기하거나 상대방과 소통하는 데 서툽니다. 그보다는 오로지 당신을 지키는 데 필사적입니다. 그래서 아주 서툴게 분노를 터뜨릴 줄밖에 모릅니다. 그 순간에 바로 당신과 기사가 뒤바뀌게 됩니다.

스스로도 이해할 수 없는
감정에 휩싸였던 이유

당신과 기사가 뒤바뀌는 상태는 기사가 당신을 상처로부터 보호하려는 순간, 당신 안에서 인격의 전환이 일어나는 식입니다. 당신을 지키기 위해 기사가 당신과 바통 터치를 해서 서로 바뀌는 이미지라고도 할 수 있습니다.

이 바통 터치는 스스로 제어할 수 있는 것이 아닙니다. 외계로부터의 자극을 포착해서 기사가 '네가 상처받을 거야'라고 판단한 순간에 자동으로 전환됩니다. 당신을 지키기 위해 기사가 전면에 나와 주는 것입니다. 마치 당신을 보호하기 위해 몸을 확 던져서 당신 앞에 나타나는 듯한 이미지입니다.

발끈해서 크게 소리치는 것도,
약속을 갑자기 취소하는 것도,
술을 끊지 못하는 것도,
과식해 버리는 것도,
방 정리를 못 하게 되는 것도,
모든 게 지긋지긋해지는 것도,
의욕이 나지 않는 것도,
불안해서 어쩔 줄 몰라 하는 것도

기사와 당신이 전환되기 때문에 일어나는 일들입니다. 그리고 기사의 목적은 언제나 당신을 지키는 것입니다.

차라리 의욕을
잃어버리자는 판단

'왜 그런 말을 뱉어 버린 걸까?'

'왜 약속을 갑자기 취소해 버린 걸까?'

'왜 하지 않았던 걸까?'

이처럼 시간이 지나고 나서 냉정하게 되짚어 보고 '왜?'라고 생각한 적 없으신가요? 그것은 그 순간 기사가 당신의 마음을 지키기 위해 전환해 주었기 때문입니다. 혹은 머리로는 이제 그만하고 싶다고 생각하면서도 계속 반복하고 있는 문제 유형은 없나요?

"일을 그만둘 때 발생하는 문제가 늘 비슷해요."

"연애는 늘 이런 식으로 엉망이 돼요."

"친구 관계는 늘 제가 끊어 버려요."

이처럼 머리로는 알고 있지만 해결하지 못하고 계속 반복되는 문제가 꽤나 많습니다. 모두 기사가 당신과 뒤바뀌어 당신의 마음을 지키려 하기 때문에 일어나는 것입니다.

기사와 당신이 뒤바뀔 때 늘 감정적으로 행동하는 것은 아닙니다. 의욕이 사라지거나 만사가 귀찮게 느껴지기도 합니다. 예를 들어 친구와 만나기로 약속했는데 하루 전부터 '가기 싫다', '귀찮다'고 생각한 적 없나요?

과거에 인간관계로 인해 상처를 받은 적이 있는 경우.
혹은 그 친구와 만나면 미움받을지도 모른다는 걱정이 드는 경우.
미움받지 않으려고 지나치게 신경 쓴 나머지 지쳐 버릴까 봐 걱정되는 경우.

기사는 당신을 지키기 위해 당신과 뒤바뀌어서 약속 장소에 가고 싶어 하지 않게, 귀찮아 하게 만드는 것입니다.

시험공부나 업무 프로젝트에 의욕이 생기지 않는 것도 마찬가지입니다. 그 일에 몰두해서 실패했을 때 상처받는 것이 두려워서 기사가 당신과 뒤바뀝니다. 그래서 기사가 당신이 의욕을 잃게 하고 실패로 인한 상처를 받지 못하게 해 줄 때가 있습니다. 혹은 공부나 일을 하는 과정에서 마음처럼 잘 안되면 괴로움을 느끼기 때문에 처음부터 당신이 몰두하지 못하게 의욕을 잃게 만드는 것입니다.

'의욕을 잃게 한다'고 하니 이상한 말처럼 들리지만, 기사는 필사적으로 당신이 의욕을 잃게 만듭니다. 기사와 뒤바뀌면 머리로는 알지만 스스로를 제대로 제어할 수 없을 때가 많습니다. 기사는 당신과 뒤바뀌어 현실의 진두에 서서 필사적으로 당신을 상처로부터 지켜 주고 있는 것입니다.

피하려고만 하면
지금 문제를 해결할 수 없다

만약 당신이 '늘 기분이 침울해서 불안하고 심란하다'고 느낀다면 기사가 당신을 걱정해서 당신과 바뀌어 과도하게 불안한 상태로 만들었을 가능성이 있습니다. 불안은 마음의 방어 반응 그 자체입니다. 마음이 불안하면 늘 주위를 경계해서 상처받지 않도록 미리 자기 자신을 지키기 위한 준비를 할 수 있습니다.

이처럼 늘 불안감이 심한 사람은 '마음이 상처받지 않는 것'이 인생의 가장 큰 목표일 가능성이 높습니다. 갖고 싶은 것을 손에 넣기 위해 무언가를 하는 인생, 내가 살고 싶은 인생을 사는 인생이 아니라 상처받지 않는 것을 우선하는 인생인 것입니다. 그만큼 수많은 상처를 받아 온 사람이기도 한 셈입니다.

불안한 상태에 놓이길 바라는 사람은 아무도 없습니다. 다만 많은 상처를 받았던 과거의 경험 때문에 두 번 다시 상처받지 않는 것을 무의식적으로 최우선 목표로 설정할 수밖에 없었던 것입니다. 그렇게 지금까지 살아남을 수밖에 없었던 것이죠. 그런 슬픈 스토리가 배경에 숨어 있는 경우가 많습니다.

당신의 기사는 그것을 누구보다도 잘 알고 있습니다. 그래서 기사는 당신과 뒤바뀌어 늘 당신의 앞을 가로막고 서서 당신을 지키려 했던 것입니다. 그런 당신도 괜찮습니다. 3장에서 기사와 대화하다 보면 상처받는 것을 피하기만 하는 인생을 바꿔 나갈 수 있습니다.

내가 나를
미워하게 된 이유

미숙한 당신을 지키기 위해 태어나 오늘까지 당신을 지켜 온 기사는 당신의 인생을 옆에서 함께 봐 온 존재입니다. 지금까지 얼마나 힘들게 살아왔는지를 가장 잘 이해하고 있습니다. 사실 당신을 가장 잘 이해하는 사람이자 당신을 누구보다 잘 아는 존재입니다. 그렇기 때문에 당신이 무엇에 상처받는지를 이해하고 당신을 진지하게 지키려 합니다.

물론 당신 입장에서는 지금 오히려 기사가 당신에게 폐를 끼치고 있는 존재이긴 합니다. 앞서 말했듯이 기사가 당신을 상처로부터 지키려는 방식은 늘 서툴고 극단적입니다. 당신이 기사의 작용으로 인해 발생하는 문제 때문에 괴로워한다는 것도 알고 있습니다. 그럼에도 기사는 당신을 지키는 다른 방식을 알지 못합니다.

기사도 그 점 때문에 힘들어하고 있습니다. 그리고 당신에게 소외당하고 원망을 사고 있음을 알고 있습니다. 당신을 지키려 하면 할수록 당신이 인간관계, 성격, 일, 가족, 경제 등 모든 분야에서 고민에 빠진다는 걸 알고 있습니다.

또한 당신이 기사를 배제하려 했다는 것도 알고 있습니다. 그럼에도 당신이 마음 깊은 곳에 상처를 받지 않도록 계속 애쓰고 있습니다.

당신은 이 기사를 향해 '너만 없으면(이 문제가 없으면)! 모든 일이 잘 풀릴 텐데!' 하고 화를 내고 고민해 왔습니다. 하지만 아무리 따지고 나무라도 기사는 묵묵히 당신을 계속 지키고 있습니다.

다만, 당신을 위해 애쓸수록 당신에게 원망을 사기 때문에 사실 기사도 상처를 받고 있습니다. 미숙하고 서툰 기사에게 가장 괴로운 상황은 당신을 지키기 위해 계속 '고독하게' 애써야 하는 상황입니다(기사는 여러 명 존재하고 각각의 분야를 혼자 담당하고 있습니다).

기사는 계속 혼자 당신을 지켜 왔습니다. 어렸을 때부터 의지할 수 있는 사람(어른)이 주위에 없었기 때문에 당신의 분신이기도 한 기사는 마음 안쪽에서 오직 혼자 애쓸 수밖에 없었던 것입니다. 당신을 지키는 방식이 옳고 그른가에 얽매일 여유 같은 건 없었습니다. 어쨌건 당신이 상처받지 않도록 혼자 필사적으로 애쓰고 있었던 것입니다.

하지만 혼자 애쓸수록 당신에게서 멀어지기 때문에 기사도 고독하고 외롭습니다. 그리고 사실은 지쳐 있습니다.

소모적인 방법으로는
감정을 다스릴 수 없다

기사는 당신을 지키려고 애쓰고 있지만, 당신은 그것을 원하지 않아서 기사의 작용을 원망하는 대표적인 행동이 하나 있습니다. 바로 과식과 과음처럼 섭식에 관한 문제입니다. 무심코 과식이나 과음을 하고, 늦은 밤인데도 컵라면이나 아이스크림을 먹고 싶은 충동에 사로잡힌 경험은 누구나 있을 것입니다. 이것도 당신을 위해 기사가 과식하게 만들었기 때문입니다.

강한 스트레스나 불안감을 느낄 때일수록 과식한다는 자각이 드는 분도 많을 것입니다. 불쾌한 일을 겪거나 강한 불안감을 느낀 날 그 감정이 계속 유지되는 것은 정말이지 괴로운 법입니다. 그래서 의식을 다른 곳으로 돌리기 위해 기사가 움직입니다. 당신에게 무언가 다른 자극을 줌으로써 불안감, 불쾌감, 스트레스를 모면하게 하는 것이 가장 효과적이기 때문에 음식을 이용합니다. 먹는 행위는 미각과 후각을 자극합니다.

특히 맛이 강하거나 단 음식, 과자 등은 자극이 강하기 때문에 불안감이나 스트레스로부터 의식을 더 쉽게 돌릴 수 있습니다. 또한 그로 인해 혈당치가 급격하게 올라 일시적으로 기분이 좋아지거나 충족감을 느낄 수도 합니다.

인간의 3대 욕구 중 하나가 채워지기 때문에 뇌 안에서 다양한 신경 전달 물질이 분비되어 만족감을 느낄 수 있고, 불쾌한 감정이나 감각을 잊을 수 있습니다. 일시적으로 기분이 차분해지고 마음이 편안해집니다.

내 인생을 망치려는
나의 구원자

먹는 것으로 스트레스를 푸는 사람이 있습니다. 어떤 의미에서 일정한 효과는 있지만 스트레스나 불안감을 '먹는 것'에 의존해 제어하고 있다면 주의가 필요합니다.

먹어서 스트레스나 불안감을 눈속임으로 회피하는(심리적으로 억압하는) 상태는 진정한 의미에서 스트레스나 불안을 이해하지 못하고 있기 때문에 나타납니다. 그럼 얼마 지나지 않아 또 불안감을 느끼고 스트레스가 쌓이고 더 먹고 싶어집니다. 또한 과식하는 자신을 비난하고 혐오하는 마음이 더해지면 그 또한 스트레스가 됩니다. 그리고 먹어서 기분을 가라앉히려는 악순환에 빠져 버리기도 합니다. 이것이 가속화되면 과식 문제를 낳기도 합니다.

이런 이야기를 들으면 기사에 대한 분노나 원망이 듭니다. '그런 건 부탁한 적 없어', '그만해 줘'라는 생각이 치밀어 오를지도 모릅니다. 무엇보다 지금까지 과식을 멈추고 싶어서 열심히 노력했지만 실패한 이유가 '내 마음을 지키기 위해서'라는 말을 들어도 납득하기 어려울지 모릅니다. 그럼에도 기사는 당신의 스트레스나 불안을 완화하려면 먹는 게 좋다고 믿으며 애쓰고 있습니다.

실제로 과식이나 과음으로 고민하는 사람은 마음이 답답하거나 스트레스를 느낄 때 먹게 된다는 점, 그리고 한창 먹는 중에는 불쾌한 감정에서 의식을 피할 수 있다는 점을 자각하고 있을 것입니다. 반복해서 말하지만 그것이 곧 당신의 마음을 지키는 행위인 것입니다. 그러나 쉽게 납득하지 못할지도 모릅니다.

기사는 당신의 그 복잡한 마음을 알고 있습니다. 그리고 당신에게 원망을 사고 있다는 데 섭섭함을 느끼고 있고, 무엇보다 당신의 마음을 혼자 지키고 있다는 데 괴로움을 느끼고 있습니다. 기사도 많이 지쳐 있는 것입니다. 우선은 이 점을 아는 것이 당신이 스스로를 지키기 위해서도 중요합니다.

사람에 따라서는 불안이나 스트레스를 눈속임으로 회피하기 위한 자극이 음식이 아니라 술인 경우도 있습니다. 혹은 인간관계(연애나 섹스)나 TV, 게임인 경우도 있습니다. 그리고 이것들이 의존의 문제로 이어지기도 합니다.

이와 마찬가지로 현대인의 대부분이 SNS를 비롯해 온라인상에서 생각 없이 많은 시간을 보내는 문제에 빠져 있습니다. 시간을 더 의미 있게 쓰고 싶은데 크게 흥미가 없는 영상을 무심코 계속 보거나 SNS나 인터넷 서핑을 하는 데 불필요하게 많은 시간을 씁니다.

아무것도 얻을 수 없을 뿐 아니라 불쾌한 감정을 느낄 때가 많은데도 멈추지 못하고, 결과적으로 귀중한 시간을 낭비하게 됩니다. 이것은 능동적이고 의식적으로 정보를 얻는 것이 아니라 수동적으로, 그저 생각 없이 보고 있는 상태입니다.

이처럼 온라인상에서 생각 없이 많은 시간을 보내는 것은 무심코 과식하는 것과 달리 그 문제를 인식하기 어렵습니다.

시간이라는 소중한 자원을 낭비하는 일임에도 쉽게 그만두지 못하는 사람이 늘고 있다는 점에 주목해야 합니다.

이것도 역시 불안감이나 스트레스, 느끼고 싶지 않고 생각하고 싶지 않은 걱정거리가 있을 때 그것을 눈속임으로 회피해서 당신을 지키기 위한 기사의 작용입니다. 멍하니 스마트폰을 만지고 있을 때는 다양한 정보가 쉼 없이 날아 들어오기 때문에 불안감이나 스트레스로부터 의식을 효과적으로 돌릴 수 있습니다. 일시적으로 현실에서 벗어날 수 있기 때문에 마음이 편해지죠.

때로는 걱정이나 스트레스로부터 의식을 돌리는 것도 중요하지만, 너무 지나치면 생각 없이 무의미한 시간을 보내게 됩니다. 그 결과 구체적인 해결이나 대처가 늦어지고, 심지어 스트

레스나 불안감을 질질 끌고 갈 가능성도 있습니다. 하지만 기사
는 오로지 당신의 마음을 지킨다는 순수한 목적을 달성하려고
노력할 뿐입니다.

내 인생은 나의 것,
내 상처도 나의 것

이제 기사와 기사의 역할, 그 결과 일어나는 일에 대해서는 어렴풋하게나마 이해했나요?

"그런데 결국 문제를 어떻게 해결해야 하나요?"

이렇게 질문하는 분들에게 대답하기 위해 다음 장에서는 구체적인 해결책을 소개하려 합니다. 그 전에 꼭 전하고 싶은 점은 내가 나의 문제를 해결할 수 있다는 것입니다.

다만 문제가 너무 오래 지속되거나 해결하려고 시도해도 문제가 반복되면 자신감을 완전히 상실하기도 할 것입니다. 그리고 누군가가 해결해 주기를 바라는 마음, 즉 다른 사람에게 매달리고 싶어지는 마음이 커지기 쉽습니다. 하지만 당신이 '당신'을 구할 수 있다는 점을 절대로 잊지 말아 주세요.

내 상처에
약 발라 주기

앞서 이야기했듯이 기사는 당신이 상처받았을 때 의지할 수 있는 어른의 도움을 받지 못했거나 어떻게든 혼자 해결해야만 했을 때 탄생했습니다. 우리는 저마다 자각할 수 있는 어떠한 슬프고 애달픈 사연을 안고 있을지도 모르고, 어쩌면 자각하지 못하고 있을지도 모릅니다. 어느 쪽이든 지금 문제나 괴로움을 끌어안고 있다는 것은 사실입니다. 상처받은 과거는 바꿀 수 없습니다. 하지만 지금부터 그 상처에 스스로 약을 바를 수는 있습니다. 그것이 곧 지금 느끼는 괴로운 감정과 문제를 해결하는 방법입니다.

한편으로, 누구나 다른 사람에게 받은 상처는 다른 사람에게 치유받기를 바랍니다. 그리고 가능하면 상처를 준 사람에게 치유받고 싶은 것이 솔직한 마음입니다. 그래서 어른이 되고 나서 당시의 원한이나 분노를 부모에게 터뜨려 부모 자식 사이에 다툼이 일어나거나, 자신의 배우자에게 부모를 중첩해 거칠게 대하거나, 부모에게 받지 못한 애정을 다른 상대에게 요구해 과도하게 의존하기 쉽습니다. 그 공격의 방향이 자신의 자녀를 향하는 경우도 있습니다.

이런 문제는 다른 사람에게 받은 상처는 똑같이 다른 사람이 어떻게든 해 주지 않으면 낫지 않는다고 생각하기 때문에 일어납니다.

하지만 다른 사람에게 받은 상처라 해도 당신 스스로 치유할 수 있습니다. 무엇보다 내가 나를 구하고 도울 수 있다는 것을 경험해야 진정으로 자신감, 자기 긍정감, 스스로에 대한 신뢰감을 키울 수 있습니다. 그것을 어떻게든 마음에 담아 놓으세요.

다음 장에서 소개할 방식은 당신의 상처에 스스로 약을 바르는 방법 중 하나이기도 합니다. 당신의 상처는 스스로 치유할 수 있습니다. 당신 안에 그 힘이 존재한다는 것을 부디 잊지 말아 주세요.

지금까지의 내용을 한번 간단하게 정리해 보겠습니다.

- 당신이 안고 있는 모든 문제는 '마음의 방어 반응'에 의해 일어나고 있다.
- 이 책에서는 마음의 방어 기제를 '기사'라고 부른다.
- 인간에게 마음에 상처를 입는 것, 특히 과거부터 안고 있는 무의식 수준의 마음 속 상처를 자극받는 것, 비슷한 상처를 또 만드는 것은 어떻게든 피하고 싶은 일이다.
- 기사는 당신이 상처받지 않도록 필사적으로 당신을 지키고 있다.
- 기사는 당신이 상처받을 법한 상황에서 당신과 뒤바뀌어서 당신의 마음을 지켜 주고 있다.
- 기사는 당신이 어렸을 때 탄생하는 경우가 많다.
- 기사는 어렸을 때의 당신을 지키기 위해 탄생한, 당신의 일부이다.
- 기사는 지금도 어린 채 당신을 지키려 하고 있다.
- 기사는 미숙하기 때문에 당신을 지키는 방식이 서툴고 극

단적으로 행동하기 쉽다.

- 당신이 어른이 된 지금 그 방식이 문제의 원인으로 작용하고 있다.
- 기사는 누군가의 도움도 얻지 못한 채 고독하게 당신을 지켜 주고 있기 때문에 사실은 지쳐 있다.
- 기사는 당신으로부터 소외당하고 있다는 것도 알고 있다.
- 기사는 그럼에도 당신의 상처를 지키기 위해 고독하게 애쓰고 있다.

당신을 지키기 위해 애써 왔지만 문제를 일으켜 당신에게 원망을 사서 슬퍼 보이는 기사. 그럼에도 고독하게 당신을 지키려고 하는 기사. 그 이미지가 그려지나요? 그럼에도 기사가 애쓰는 이유는 당신이 상처를 받을 바에는 문제를 일으키는 편이 낫다고 생각하기 때문입니다.

이 경직된 상태를 해결하는 방법이 딱 하나 있습니다. 바로 기사와 대화를 하는 것입니다.

나에게 신경 쓰는 연습 ⌐ ′ ⌐ ⌐ ⌐

- 기사는 보통 당신이 어릴 때 탄생합니다. 어리지만 어떻게
든 스스로 해결할 수밖에 없었던 상황에서 당신을 지키기
위해 나타나죠.

- 주로 주 양육자와의 관계, 또래와의 관계 등에서 갈등이 생
길 때 기사는 탄생합니다. 괴로운 감정을 보듬어 줄 어른이
없을 때 기사는 당신을 보호하려 애씁니다.

- 부모를 비롯한 타자에 대한 원망은 넣어 두세요. 누구의 잘
잘못을 따지기보다 더 나은 인생을 위해 당신의 마음속 이
야기에만 집중해야 합니다. 분노와 원망은 인생을 개선하는
데 결코 도움되지 않습니다.

- 가끔 제어할 수 없는 분노나 의욕을 잃는 듯한 기분에 휩싸
이지 않나요? 이는 당신의 감정 조절에 문제가 생긴 것이 아

닙니다. 기사와 당신이 전환되는 순간입니다. 기사가 전면에서 상처로부터 당신을 지키기 위한 행동인 것입니다.

- 우리는 저마다 애달픈 사연을 가지고 있고, 상처받지 않으려고 기사가 노력해 왔습니다. 상처받은 과거는 바꿀 수 없지만 그 상처를 스스로 돌보는 것은 가능합니다.

- 인간의 마음은 우리가 상상하는 것보다 위대하고 단단합니다. 아무도 도와주지 않는다고 생각한 순간 나를 지키기 위한 작업에 들어가죠. 그러니 당신의 잠재된 내면의 힘을 의심하지 마세요.

인생은 자신에게 신경 쓰는 사람의 편입니다

마음의 방어 기제와 대화하기

이제 내가 나에게
신경 써야 할 때

이 장에서는 당신의 문제를 해결하기 위한 구체적인 방법을 소개합니다.

그것은 기사와 '대화'를 하는 것입니다. 그동안 당신을 지켜왔던, 당신 안에 있는 존재했던 기사를 당신은 알아차리지 못했을 뿐 아니라 대화를 한 적도 없었을 것입니다. 당신과 기사의 소통이 한 번도 이뤄지지 않은 것입니다.

기사는 당신을 마음의 상처로부터 지키기 위해 전력을 다하고 있습니다. 하지만 당신은 그 마음의 상처라는 것이 무엇인지도 알지 못하고 애초에 문제를 일으켜서까지 지켜 주길 원하지도 않을 것입니다. 그런 엇갈림이 상황을 개선하지 못하는 가장 큰 원인입니다. 기사 입장에서는 자신이 하는 말을, 진정한 마음을 아무도 신경 쓰지 않는다고 생각합니다. 그것은 마치 어릴 때의 당신과 똑같습니다.

내 마음이나 괴로움, 복잡한 감정을 아무도 신경 쓰거나 받아 주지 않았다.
부모도 알아주지 못했다.
하지만 말하지 못했다.
직접적으로 들어주지 않았다.
가까이 다가와 주지 않았다.

그와 똑같습니다.

당신이 자신을 신경 써 주길 바랐듯이 기사도 당신이 신경 써 주길 바라고 있다고 생각합니다. 당신이 기사의 마음에 귀를 기울여 주었으면 합니다. 단순한 기술로 기사를 제어하려 해서는 잘 통하지 않습니다. 그럼 오히려 기사는 마음의 문을 닫아 버립니다.

기사는 왜 그렇게까지 해서 당신을 지키려는 걸까요?
기사가 당신을 지켜 주지 않는다면 어떤 일이 일어날까요?
기사는 당신의 무엇을 걱정하고 있을까요?

기사가 그렇게 행동하는 동기도 들어 주어야만 합니다. 아무리 작은 일이라도 당신 안에 존재하는 기사가 하는 말을 듣는 것이 정말 중요합니다.

나, 그동안 참
애쓰며 살았다

마음의 방어 기제를 이 책에서는 기사라고 부르고 있습니다. 일상생활에서 활발하게 활동하는 기사는 수 명에서 십수 명이지만, 조용히 모습을 드러내고 있지 않은 기사까지 포함하면 수십 명이나 존재합니다. 모두 '당신의 마음을 지킨다'는 미션을 수행하기 위해 열심히 애쓰고 있습니다.

상사 등 윗사람과 관계를 맺을 때 등장하는 기사.

연인이나 배우자와 관계를 맺을 때 등장하는 기사.

육아를 할 때 등장하는 기사.

집단 안에 있을 때 등장하는 기사….

이처럼 다양한 인간관계 속에서 다양한 형태로 등장합니다.
그뿐만 아닙니다.

돈에 관한 주제가 나왔을 때 등장하는 기사.

일할 때 등장하는 기사.

아플 때 등장하는 기사.

여행할 때 등장하는 기사.

SNS를 보고 다른 사람과 비교할 때 나오는 기사….

각각의 장면이나 주제마다 담당 기사가 존재합니다. 어느 장면에서든 늘 대표로 등장하는 기사도 있습니다. 평소에는 잘 등장하지 않지만 어떤 특정 주제에서 등장하는 기사도 있습니다. 인간관계에 관한 문제가 생길 때 늘 등장하는 기사도 있습니다.

처음에는 엄밀하게 구분할 필요는 없습니다. 중요한 점은 기사와 대화를 시작하는 것입니다. 너무 어렵게 생각할 필요 없이 우선 기사는 많이 존재하고 마음의 방어 기제가 당신을 지켜 주고 있다고 이해하면 충분합니다.

기사가 많이 존재하는 것은 무서운 일이 아닙니다. 그 점을 잊지 말아 주세요. 당신의 주위에서 다정한 기사들이 당신을 함께 지켜 주고 있습니다. 어느 기사든 당신을 아주 좋아합니다. 당신을 위해 열심히 노력해 주고 있습니다.

나를 만나러
가는 길

앞으로 소개할 기사와의 대화 방식은 저의 임상 실험을 바탕
으로 구성했습니다. 이 책을 통해 누구나 자기 마음속 기사와의
대화를 경험할 수 있도록 간단하게 정리한 도입 편입니다.

이 방식은 어떠한 기사와의 대화에도 적용할 수 있습니다. 이
장에서 소개하는 문제 해결을 위한 기사의 대화 방식을 '기사 워
크'라고 이름 붙이겠습니다. 기사 워크를 수행할 때 필요한 기
본 사항을 지금부터 소개해 보겠습니다.

"대화를 한다고는 하지만 대체 기사는 어디에 있는 건가요?"

"기사가 제 마음이 만들어 낸 존재라니, 저는 잘 이해가 안 가요."

이렇게 생각하는 것도 당연합니다. 기사 워크를 수행하기 전에 여기서 간단하게 기사를 발견하는 방법의 흐름을 설명하겠습니다.

기사를 발견할 수 있는
몸과 마음의 상태

당신의 기사가 얼굴을 내미는 순간은 사실 일상에서 여러 번 존재합니다. 알아차리지 못할 뿐 하루 중 몇 번씩 기사가 얼굴을 내밀고 있습니다. 바로, 당신의 몸이나 마음이 불쾌한 감정이나 감각을 느낄 때입니다. 몸과 마음이 불쾌하고 '웅성거리는 장소'에 기사가 존재한다고 생각해 주세요. 그 불쾌한 감정이나 감각은 두 종류가 있습니다.

첫 번째, 자각하기 쉬운(강렬한) 감정이나 감각이 몸과 마음에 일어날 때입니다.

일상생활에서 어떤 사건이 일어나 슬픔, 분노, 후회, 분함, 원망 등과 같은 알기 쉽고 자각하기 쉬운 감정이나 감각이 몸과 마음에 생깁니다.

화가 나서 몸이 부들부들 떨린다.

너무 화가 나서 이러지도 저러지도 못한다.

슬퍼서 눈물이 나기 시작했다.

후회해서 주눅 든다.

부끄럽다.

상대방을 용서할 수 없다.

조바심이 나고 초조함 때문에 힘들다.

강한 불쾌감 때문에 괴롭다.

두 번째, 자각하기 어려운(막연한) 감정이나 감각, 불쾌감이 몸과 마음에 일어났을 때입니다.

일상생활에서 어떤 사건이 일어나서 왠지 모르게 불쾌하고 답답하고 말로 설명할 수 없는 불쾌감, '이곳에서 벗어나고 싶다' 같은 막연한 불쾌감을 느낍니다.

동료의 말이 왠지 마음에 걸린다.

약속을 생각하면 마음이 무겁다.

나가고 싶지 않다.

회사에 나가고 싶지 않다.

답장이 안 와서 답답하다.

왠지 모르게 의욕이 나지 않는다.

미루고 싶다.

무기력하다.

귀찮다.

나른하다.

내일 일을 생각하면 심란하다.

이처럼 두 가지 유형의 감각을 느낄 때가 기사를 발견할 수 있는 기회입니다. 짐작한 분도 있을지 모르지만 첫 번째 혹은 두 번째 상황에 놓여 있을 때는 당신이 문제 그 자체에 직면해 있을 때라고 말할 수 있습니다.

첫 번째 혹은 두 번째 상황에서 몸의 감각을 의식해 봅시다. '마음이 답답하다', '목이 메인다', '등이 개운치 않다', '온몸이 부들부들 떨린다', '어깨가 무겁다'처럼 몸에 변화가 일어날 때가 많습니다. 그곳에 기사가 존재한다고 생각해 주세요.

우리는 무의식의 신호를 언어로는 이해하지 못해도 몸으로는 포착하고 있습니다. 사고나 논리로 기사를 발견하기는 어렵지만, 몸의 감각을 통해서라면 기사의 존재를 쉽게 느낄 수 있습니다.

다만 이것도 연습하지 않으면 체감하지 못하는 경우가 많기 때문에 몸의 감각을 알아차리지 못하는 사람은 첫 번째 혹은 두 번째 감정이나 감각에 조금이라도 의식을 기울여 봅시다. 특히 첫 번째 상황에서는 분노나 슬픔처럼 자각하기 쉬운 감정이나 감각이 일어나기 때문에 좀 더 알아채기 쉬울 것입니다. 강렬하게 느껴지는 그 감정 자체를 기사라고 생각해 봅시다.

내 마음에
이름을 붙인다면?

기사를 발견했다면 이름을 붙여 줍시다. 이름을 붙여 주면 지금 어떤 기사가 나왔는지를 구분하기가 쉬워집니다. 나아가 나와 기사를 분리해서 객관적으로 바라볼 수 있습니다. 이름이라는 라벨을 붙이면 하나의 존재로서 인식하기 쉽기 때문입니다. 무엇보다 당신이 이름을 붙여 주면 기사와의 관계가 한층 더 깊어집니다.

이름을 붙일 때 가능하면 그 기사의 모습을 상상해 보는 것을 추천합니다. 예를 들어 분노를 느낄 때 나오는 기사는 불타고 있는 화염, 막연하고 답답할 때 나오는 기사는 검은 안개, 다른 사람과 문제가 생겨 고민에 빠졌을 때 나오는 기사는 가시가 돋친 철공처럼 보일지 모릅니다.

기사의 모습을 상상하는 데 능숙한 사람과 서툰 사람이 있을 수 있습니다. 그러니 무리해서 상상할 필요는 없습니다. 중요한 것은 우선 기사에게 이름을 붙여 주는 것입니다. 저의 강좌에서 심리 세션을 들은 클라이언트들이 기사에게 붙인 이름 몇 가지를 소개해 보겠습니다. 이름을 붙이는 데 규칙은 없습니다. 꼭 이렇게 할 필요도 없습니다. 단순한 예시일 뿐이니 가벼운 마음으로 참고해 주세요.

- 분노를 느낄 때 나오는 기사의 이름 예시:
  '짜증 씨', '화염 씨', '반야 씨', '파괴 씨', '마그마 씨' 등.

- 불쾌감을 느낄 때 나오는 기사의 이름 예시:
  '암울 씨', '꽁꽁 씨', '북풍 씨', '벼랑 끝 씨', '블랙홀 씨' 등.

- 의욕이 안 날 때 나오는 기사의 이름 예시:

'아메바 씨', '납 씨', '귀찮 씨', '끈적끈적 씨', '어두침침 씨' 등.

• 힘든 와중에 지나치게 애쓸 때 나오는 기사의 이름 예시:
'리더 군', '승부 씨', '자존심 씨' 등.

기사에게 꼭 물어야 할 세 가지

자, 그럼 다음으로 대화 방법을 살펴보겠습니다. 말은 대화라고 해도 당신이 질문을 던져야 비로소 기사는 이야기를 합니다. 즉 당신이 기사를 발견하고 질문을 던지지 않는 한 기사는 아무 것도 말해 주지 않습니다.

관계가 깊어지면 기사가 많은 이야기를 해 주기도 하지만, 처음에는 당신이 따뜻한 마음으로 관심을 갖고 말을 걸어야 합니다. 여기서는 기사에게 꼭 물었으면 하는 기본적인 질문 세 가지를 소개하겠습니다.

질문 ①

"기사(당신이 붙인 이름), 어째서 _____인 거야?"

질문 ②

"기사(당신이 붙인 이름), 당신의 미션은 뭐야?"

질문 ③

"기사(당신이 붙인 이름), 당신이 그 미션을 그만두면 나는 어떻게 될 것 같아?"

그럼 순서대로 설명해 보겠습니다.

첫 번째 질문에서 가장 먼저 묻고 싶은 점은 기사가 '왜 그 상태인가' 하는 점입니다. 밑줄에 들어갈 말은 당신이 기사를 발견했을 때의 감정이나 감각의 표현입니다.

예를 들어 볼까요?

"어째서 그에게 화를 내는 거야? 왜 안절부절못하는 거야?"

"어째서 불안한 거야?"

"어째서 귀찮은 거야? 왜 의욕이 없는 거야?"

"어째서 답답해하는 거야?"

"어째서 출근하고 싶지 않은 거야?"

이처럼 '어째서 그 감정이나 감각을 느끼고 있는가', '어째서 지금 그 상태에 있는가'를 물어봅시다.

다음으로 기사의 미션, 즉 왜 당신을 위해 일하고 있는지, 어떤 역할을 다하고 있는지를 불어봅시다.

미션의 진정한 목적은 당신의 마음을 보호하고 상처로부터 마음을 지키는 것인데, 기사가 구체적으로 어떤 작용을 통해 마음을 지켜 주고 있는지를 알기 위한 질문입니다. '어떻게 해서 마음을 지키고 있는 거야?'처럼 어려운 질문을 하면 기사는 잘 대답하지 못합니다. 여기서는 간단하게 기사의 작용을 '미션(사명, 임무)'라고 표현하겠습니다. 당신의 '미션은 뭐야?'라고 다정하게 물어봅시다.

마지막으로 기사가 당신의 마음을 지킨다는 미션을 그만두면 당신이 어떻게 될 것 같은지를 물어봅시다.

이 미션을 그만두면 당신이 또 상처를 입을지도 모르고 큰일이 난다는 것을 기사는 잘 알고 있기 때문에 당신을 지키려는 것입니다. 당신을 아주 많이 걱정하고 있는 것입니다. 대체 당신이 '어떻게 되는 것'을 걱정하고 있는지 기사에게 물어봅시다. 여기서는 당신도 상상하지 못한 대답이 돌아올 때가 많습니다.

질문을 통해 대화가 한 차례 끝나면 기사에게 위로하는 마음을 전합니다. 더 이상 혼자가 아니라는 점, 그리고 지금까지 애써 준 것에 대한 감사의 마음을 전달해 봅시다. 가능하다면 대화를 통해 깨달은 점도 기사에게 전해 봅시다.

그럼 기사의 시야가 넓어집니다. 너무 필사적으로 당신을 지키려던 나머지 문제를 일으키는 빈도나 강도가 완화됩니다. 당신이 기사를 발견해서 대화하고, 마음을 이해하고, 위로와 감사하는 마음을 전달하면 기사는 긴장을 풀게 됩니다. 안심해 주는 것입니다.

당신이 회사에서 늘 혼자이고, 고독하게 해내야만 하는 중대한 일이나 프로젝트에 쫓기고 있다고 생각해 보세요. 밀실에서 누구와도 상의할 수 없고, 그 임무를 아무도 도와주지 않는 와중에 계속해서 일어나는 문제에 대처해야만 하는 상태입니다. 이처럼 여유가 없는 상태에서는 일을 해내는 데 죽을힘을 다하거나 혹은 압박감을 느끼면 일을 잘 해결할 수 있을까요? 허둥

지둥하기 때문에 실수도 늘고 잘 대처하지 못할지도 모릅니다.

그럴 때 밀실의 문이 열리고 "무슨 일이야?"하고 말을 걸어 주는 사람이 나타난다면 어떨까요? 그리고 당신의 이야기를 들어주고 "지금까지 애써 줘서 고마워. 넌 더 이상 혼자가 아니야"라고 말한다면 어떨까요? 지금까지 느꼈던 압박이 해소되고 앞으로 일을 대할 때 변화가 일어나겠죠. 그와 완전히 똑같은 것입니다.

내가 벌써
어른이 되었구나

기사 워크 과정에서 중요한 것 중 하나는 당신이 어른이 되었다는 점, 지금의 현실, 당신의 실제 나이 등을 기사에게 알려 주는 것입니다. 기사는 당신이 어렸을 때 탄생했기 때문에 당신을 아직도 어린아이라고 생각합니다. 적어도 지금의 당신보다 훨씬 어리고 아직 힘이 없는 존재라고 생각하고 있습니다. 기사가 탄생한 당시 당신의 인상을 간직한 채 멈춰 있는 것입니다. 그렇기 때문에 필사적으로 행동하는 것이고, 약한 당신을 지키려고 애쓰는 것입니다.

당신의 실제 나이를 알려 주고 이제 어른이 되었다는 것, 지금의 현실은 당신이 어렸을 때와는 다르다는 점을 알려 줄 필요가 있습니다. 그것을 기사에게 알려 주면 대개는 믿지 못하거나 '뭐? 그렇단 말이야?' 하며 놀랄 때가 많습니다. 이때 나이뿐만 아니라 다음과 같은 점을 구체적으로 전해 주세요.

- 이제는 어리고 무력한 어린이가 아니라 어엿한 어른이 되었다는 점.
- 그때에 비해 변화하거나 성장한 점.

당신은 그때보다 훨씬 성장했고 다양한 면에서 달라졌습니다. 이러한 점을 전달하면 기사는 굳은 편견에서 벗어나 더 이상 당신을 필사적으로 지키지 않아도 된다는 안도감을 느낍니다. 그것만으로도 무슨 일이 있어도 당신을 지키려고 하는 '극단적인 미션 수행(필사적으로 마음을 지키려다가 오히려 문제를 일으키는 것)'이 점차 줄어듭니다.

이런 식으로 생각하면 이해하기 쉬울지 모릅니다. 당신이 보살펴 온 친척 아이가 있다고 생각해 보세요. 늘 울고 있고 상처받기 쉬워서 당신은 그 점이 걱정되고, 계속 신경을 쓰며 돌봐 왔습니다. 아이가 상처받지 않도록 당신은 늘 앞에 서서 필사적으로 지키고 이것저것 신경 써 왔습니다. 시간이 흘러도 당신 눈에는 여전히 작은 아이로 보이기 때문에 그렇게 수십 년씩 그 아이를 보살펴 왔습니다. 그것이 당신의 미션이라고 생각해 왔습니다.

어느 날 아이가 "난 이제 어른이 되었어. 괜찮아"라고 말하기에 가만히 들여다보았더니 몸은 어느덧 어엿한 어른이 되어 있습니다. 당신보다 키가 크고 얼굴에 주름도 하나 생겼습니다. 천진난만하고 작고 의지할 곳 없는 아이에서 성인으로 변화하고 있다는 것을 깨달으면 어떤 기분이 들까요?

"뭐? 그런 거야? 이렇게나 성장한 거야? 그렇구나. 뭐야, 그럼 이렇게 온 힘을 다해 보살펴 주지 않아도 되겠네."

그럼 조금은 안심하고 힘을 빼고 보살펴 줄 수 있지 않을까요?

친구 아이의 나이를 듣거나 TV에서 유명 아역 배우가 어엿한 성인이 된 모습을 보고 놀란 경험이 누구나 한 번쯤 있을 것입니다. '벌써 이렇게 컸다고?' 하고 말이죠. 마찬가지로 기사도 당신이 그 정도로 어른이 되었다는 걸 깨닫지 못하고 있는 것입니다. 그래서 가르쳐 줄 필요가 있습니다. 기사에게 어른이 된 당신의 현재 모습, 현재 상태를 알아 달라고 하는 것도 대화를 통해 꼭 전달해야 하는 점입니다.

그래도 기사는
여전히 내 곁에 있다

앞서 든 예시를 계속 이어 나가 보겠습니다. 당신이 오랫동안 보살펴 온 친척 아이가 있는데, 아이가 갑자기 "이제 난 어른이 됐으니까 괜찮아. 날 보살펴 주지 않아도 되고 그 미션도 더 이상 신경 쓰지 않아도 돼. 오히려 그런 건 이제 그만해 줄래?"라고 말한다면 어떤 기분이 들까요?

"아, 그래? 그렇구나. 음, 하지만 여전히 걱정이 되는데….""
"솔직히 외로워. 이제 나는 필요 없는 걸까?"
"지금까지 내가 한 노력은 다 뭐였을까?"

이런 생각으로 복잡한 기분에 사로잡히지 않을까요?

기사들도 마찬가지입니다. 당신이 어른이 되었다고 말해도 여전히 당신을 걱정합니다. 무엇보다 '그 미션은 이게 하지 않아도 괜찮다'고 갑자기 마지막 선언을 하며 체념시키는 것 또한 충격으로 다가옵니다. 왜냐하면 수십 년씩 당신을 위해 노력해 왔기 때문입니다. 게다가 기사가 완전히 은퇴해 버리면 앞으로 상처받을지도 모르는 상황에서 정말로 깊은 상처를 받을 가능성도 있습니다.

따라서 기사에게 마지막 선언을 하며 체념시킬 필요는 없습니다. 필요 이상으로 마음을 보호하는 것만 조금씩 완화시키기만 해도 좋으니 앞으로도 기사와 함께하는 편이 좋습니다. 기사라는, 마음의 방어 반응을 전부 방치하는 극단적인 선택을 하지 않아도 좋습니다.

그러니 기사를 뿌리치는 것이 아니라 '계속해서 옆에서 지켜 줘'라고 다정하게 말을 걸어 주길 바라는 것입니다.

"필요할 땐 또 도와 줘."
"하지만 예전처럼 애쓰지 않아도 돼."

"옆에서 신경 써 줘."

이렇게 전하면 기사도 안심하고 납득할 수 있습니다. 앞서 든 예로 말하자면, 친척 아이가 당신에게 "지금까지처럼 그렇게 필사적으로 보살펴 주지 않아도 괜찮아. 하지만 무슨 일이 있으면 의지하고 싶으니까 옆에서 지켜 봐 줘"라고 말해 준다면 당신도 솔직하게 "그렇구나, 알겠어. 그럼 계속 옆에서 신경 써 줄 테니까 무슨 일이 있으면 언제든 기대. 또 보살피고 지켜 주러 갈 테니까"라고 말하면서 마음이 따뜻해지지 않을까요?

모든 문제에는
의미가 있다

문제를 끌어안고 고민하는 사람들은 이런 질문을 합니다.

"이 문제를 가능한 한 빨리 해결해서 두 번 다시 반복되지 않게 하고 싶어요. 어떻게 하면 좋을까요?"

그 마음은 정말 잘 이해합니다. 하지만 반복해서 말했듯이 문제가 있다는 것에는 분명 의미가 있고, 그 의미의 대부분은 마음을 지키는 방어 작용입니다.

문제는 없애는 것이
아니라 해결하는 것

문제의 이면에는 당신을 위해 열심히 일해 주고 있는 면이 있습니다. 고민이나 문제를 한 번에 해결하는 것은 당신의 마음을 무방비 상태의 발가숭이로 만드는 것과 다름없기 때문에 마음의 부담도 커집니다. 자칫하면 쓸데없이 상처를 받아서 문제를 더 크게 만들어 버릴 가능성도 있습니다.

대부분의 사람들 이렇게 믿고 있습니다.

"문제가 전부 사라지면 행복해질 수 있을 텐데!"

하지만 그것은 착각이고 잘못된 생각입니다. 문제가 가진 진짜 모습을 모르고 있는 것입니다.

기사 워크를 통해 문제의 진짜 모습을 알아차리면 '고민이나 문제를 모두 제거하자'는 의식에서 '고민이나 문제를 끌어안고 있어도 좋다'는 상태로 바뀌고, 자연스레 인생이 편안해집니다.

그리고 자신의 마음 작용이 훌륭하다는 것을 이해할 수 있게 됩니다.

문제는 천천히 조금씩 해결해 나가면 됩니다. 그때까지는 문제를 안고 있어도 됩니다. 이렇게 생각해 주세요.

"문제를 안고 있는 나는 마음이 제대로 기능하고 있다."
"마음이 정상적으로 작용하고 있다는 증거다."

이것은 기사 워크를 반복하고 당신 안의 많은 기사와 대화를 반복하다 보면 비로소 체감할 수 있을 것입니다. 지금은 와닿지 않아도 초조해하지 말고 도전해 봅시다. 언젠가 고개를 끄덕이는 날이 올 테니까 말이죠.

나를 만나기
위한 7단계

지금까지 이야기한 기사 워크를 정리하면 다음과 같습니다.

첫 번째 단계로 '기사 발견하기'입니다.

해결하고 싶은 문제를 하나 고릅니다. 그 문제나 사건이 일어났을 때 몸의 감각을 의식합니다. 거기에 기사가 있습니다.

두 번째 단계로 '기사에게 이름 붙이기'입니다.

가능하다면 모습이나 모양을 상상하면서 이름을 붙여 줍니다.

세 번째 단계로 '질문을 통해 대화하기'입니다.
"기사(당신이 붙인 이름), 어째서 _____인 거야?"
"기사(당신이 붙인 이름), 당신의 미션은 뭐야?"
"기사(당신이 붙인 이름), 당신이 그 미션을 그만두면 나는 어떻게 될 것 같아?"
순으로 질문을 합니다.

네 번째 단계로 '기사를 위로하고 이제 혼자가 아니라고 말하기'입니다.
'지금까지 계속 혼자 애써 줘서 고마워'라고 위로하고 더 이상 혼자가 아니라고 말해 주면 됩니다.

다섯 번째 단계로 '기사에게 당신이 어른이 되었다고 말하기'입니다.
실제 나이나 지금의 생활, 성장한 점 등을 전합니다.

여섯 번째 단계로 '앞으로도 곁에 있어 달라고 말하기'입니다.

'필요할 땐 또 도와 줘'라고 전합니다.

일곱 번째 단계로 '또 이야기하자'라고 말하며 다음 약속을 정해 기사를 안심시키고 나서 대화를 종료하기'입니다.

이는 기사를 다시 방치하거나 혼자 두지 않겠다고 약속하는 것입니다. 그리고 이 대화가 끝난 후에도 필요에 따라 대화를 반복하고, 종종 기사에게 신경을 써 주세요.

변화는 내가 나를 믿을 때 일어난다

이 기사 워크는 간결하고 알기 쉽게 일곱 단계로 정리했습니다. 원래는 질문할 사항도 더 많고 여러 갈래에 뻗어 나가 다양한 소통을 합니다. 여기서 소개한 것은 제가 지금까지 수많은 클라이언트를 만나 임상 실험을 하면서 구축한 쉽고 효과적인 입문 편으로, 가장 중요한 부분을 정리한 것입니다.

이 워크에서 가장 중요한 점은 언제든 스스로 할 수 있는 셀프 워크(셀프 심리 세션)라는 점입니다. 그래서 이 워크는 당신 혼자서도 할 수 있습니다.

이 워크를 통해 당신은 문제를 스스로 해결할 수 있는 힘을 기를 수 있습니다. 스스로 자신을 지탱할 수 있게 됩니다. 이것이 제가 제 활동을 통해 가장 중요하게 여기는 점입니다. 여러 번 반복하다 보면 문제가 해결되거나 힘겨운 마음이 누그러질 테니 꼭 시도해 보세요.

"기사에게 질문을 던지면 정말 목소리가 들리나요?"
"대화를 하거나 대답이 돌아온다는 느낌이 잘 안 들어요."

종종 이런 질문을 많이 받습니다. 그런데 실제로 기사의 목소리가 들리는 것은 아닙니다. 여러분의 머리에 어떤 말이 떠오르거나 그런 느낌이 드는 정도가 시작입니다. 특히 처음에는 누구나 당연히 알아차리기 어렵습니다.

'왠지 이런 말을 하고 있는 것 같아', '이런 말이 문득 떠올랐어' 정도면 충분합니다. '성급하게 짐작한 것은 아닐까?', '내 멋대로 답을 만들고 있는 게 아닐까?' 하며 너무 깊게 생각할 필요는 없습니다.
그래도 잘 와닿지 않는다면 우선 간단하게 스스로에게 질문을 던지고 대답하는 것부터 시작해 보세요. 기사는 당신의 일부이기도 하기 때문에 당신이 당신의 질문에 스스로 대답해도 크게 벗어나는 일은 없습니다. 익숙해지면 기사가 하는 말이 점점 명확해집니다.

특히 당신이 상상조차 하지 못한 답이 떠오르는 일도 늘어납니다. 그런 내용에야말로 기사의 진심이 담겨 있습니다. 대화가 처음부터 잘되는 것은 아닙니다. 생각처럼 잘 안되겠지만 그게 당연합니다. 안심해도 좋습니다.

여태까지 계속 방치해 온 기사에게 갑자기 말을 걸면 기사는 깜짝 놀라서 제대로 답을 하지 못합니다. 끈기 있게 계속 말을 걸면 당신과 기사 사이에 신뢰가 생기기 시작합니다. 그러려면 어느 정도의 연습이 필요하기 때문에 조급해하지 말고 시도해 보세요.

지금까지 대략적인 흐름을 설명했습니다. 하지만 이렇게 읽기만 해서는 이미지가 잘 떠오르지 않을 거라 생각합니다. 실제로 이 워크는 실제로 여러 번 반복하는 것이 정말 중요합니다. 자전거 타는 법을 머릿속에서 시뮬레이션하고 이해했다 해도 실제로 반복해서 자전거를 타지 않는 한 자전거를 잘 탈 수 없습니다. 그와 마찬가지입니다.

무조건 참는
사람과의 대화

    지금부터 제가 클라이언트와 심리 세션을 진행하며 나눈 실제 대화 내용을 소개하겠습니다. 아마도 기사 워크의 방식을 대략적으로 이해할 수 있을 것입니다.

    또한 대개는 우여곡절을 겪으며 많은 시간을 들여 대화를 나누고 세션을 심화해 나가지만, 여기서는 이해를 돕기 위해 그 흐름을 간결하게 정리했습니다. 방식은 앞서 소개한 일곱 단계를 따라 이루어집니다.

저 상담사와 클라이언트의 대화 형식으로 이루어져 있습니다. 또한 여기서 등장하는 클라이언트의 배경이나 나이, 답변 등은 특정을 피하기 위해 일부 손을 보아 변경했습니다.

A 씨   상대방, 특히 남편에게 하고 싶은 말을 못해서 힘들어요. 불만이 있어도 제가 참으면 된다고 생각하고 삼켜버려요. 그렇게 쌓이고 쌓이다 힘들어지면 어느 순간 폭발해서 울어 버리기도 해요.

상담사   상대방에게 하고 싶은 말을 삼켜 버리고 말하지 못해서 곤란하신 거군요. 그럼 하고 싶은 말을 참았던 장면을 떠올려 보시겠어요? 그 장면을 떠올리면 몸에 어떤 느낌이 드나요?
         (1단계: 기사 발견하기)

A 씨   목 주변이 꽉 막히는 느낌이 들고 가슴도 답답한 것 같아요.

상담사   그곳에 기사가 있습니다. 그 느낌에 의식을 기울여 보세요. 만약 기사에게 모습이나 형태가 있다면 어떤 이 미지가 떠오르나요?

A 씨   매끈하고 커다란 돌, 회색의 누름돌 같은 느낌이 들어요.

상담사   그럼 그 기사에게 이름을 붙여 주고 싶은데 어떤 이름 으로 할까요?
(2단계: 기사에게 이름 붙여 주기)

A 씨   누름돌 씨라고 할게요.

상담사   그럼 누름돌 씨에게 이렇게 물어봐 주세요. "누름돌 씨, 어째서 하고 싶을 말을 못 하는 거야? 왜 참는 거야?"
(3단계: 질문을 통해 대화하기 1)

A 씨   "왜냐하면 안 참으면 이래저래 큰일이 나거든"이라고 말하고 있는 것 같아요.

상담사   큰일이라는 건 뭘까요? 다시 물어보시겠어요?

A 씨	"하고 싶을 말을 하면 남편이 당신한테 정이 떨어져 버려"라고 말하는 것 같아요.
상담사	말을 참지 않으면 정이 떨어진다는 거군요. 그럼 이번에는 "누름돌 씨, 당신의 미션은 무엇인가요?"라고 물어볼까요? (3단계: 질문을 통해 대화하기 2)
A 씨	"미션은 나를 참게 만들어서 남편이나 다른 사람과 문제가 생기지 않게 하는 거야"라고 말하고 있어요.
상담사	그 말을 듣고 무슨 생각을 했나요?
A 씨	그럴지도 몰라요. 저는 더 이상 참고 싶지 않으니까 솔직히 그만했으면 싶었고, 조금 민폐라고 생각했어요. 남편뿐만 아니라 누구한테나 하고 싶은 말을 늘 삼켜버리는 편이고, 그래서 지쳐 버리거든요.
상담사	그럼 이번에는 "누름돌 씨, 당신이 그 미션을 그만두면

나는 어떻게 될 거라고 생각해?"라고 물어봅시다.
(3단계: 질문을 통해 대화하기 3)

A 씨   "이 미션을 그만두면 내가 남편한테 미움을 받아서 외톨이가 될 거야. 고독해질 거야"라고 말했어요. 남편뿐만 아니라 모든 사람이 나한테 정이 떨어져서 떠나 버리고, 모두 사라져 버릴 거라고 말하는 것 같아요. (눈물을 글썽인다.)

상담사   그 말을 듣고 떠올리거나 느끼거나 깨달은 점은 없나요?

A 씨   어렸을 때부터 '이건 싫어'라거나 '이건 좋아' 같은 저의 의사를 전달하면 부모님, 특히 아버지가 언짢아하고 제 얘기를 안 들어줄 때가 많았어요. 제 의견을 말하면 아버지가 싸늘하게 반응하는 게 싫어서 참는 게 편했어요. '내가 아무 말도 안 하면 되겠지' 하고 체념하게 된 순간이 떠올랐어요. 얌전하게 말을 잘 들어야 아버지의 기분이 좋았거든요. 또 저는 초등학교 때 따돌림을 당했는데 그때도 친구들이 제가 말을 하면 조롱했기 때

문에 제 생각을 말하면 미움받는다는 생각이 강했던 것 같아요.

상담사 누름돌 씨는 그걸 어릴 때부터 봐 왔기 때문에 더 이상 당신이 상처받지 않도록 하고 싶은 말을 일부러 못 하게 했다고 생각하는데, 어떻게 생각하시나요?

A 씨 네, 그런 것 같아요. 제 기분을 드러내면 아버지나 친구에게 미움받는 느낌이 들고, 사람들이 저를 무시하고 거리를 두는 느낌이 드는데 그건 너무 괴로워요. 참지 못하고 하고 싶을 말을 할 때도 있지만 나중에 '말하지 말걸', '화가 났으려나?', '이제 연락이 안 오겠지?' 하며 지나치게 신경 쓰거나 후회하기도 했어요. 하고 싶은 말을 하면 이렇게 쓸데없이 피곤해지니까 차라리 내가 참는 게 낫겠다 싶었어요.

상담사 누름돌 씨는 그런 점도 이해하고 '하고 싶은 말을 참게 하는 미션'을 수행해 왔던 거예요. 그걸 깨닫고 나서 누름돌 씨에게 하고 싶은 말은 없나요?

A 씨   무슨 말을 해야 하지…. (눈물이 흘러내린다.) 누름돌 씨 덕분에 저는 보호받았다고 생각해요. 미움받지 않아도 되었달까. 미움받으면 너무 힘드니까 오히려 참아서 잘 풀린 일도 많았던 것 같아요.

상담사   누름돌 씨도 혼자 애써 왔으니 위로해 주세요.
(4단계: 기사를 위로하고 더 이상 혼자가 아님을 알려주기)

A 씨   누름돌 씨, 지금까지 애써 줘서 고마워. 혼자 열심히 나를 도왔지? 정말 고마워. 더 이상 혼자가 아니야. 내가 있으니까 말이야.

상담사   누름돌 씨에게 그렇게 말했더니 어떤가요?

A 씨   조금 전까지 딱딱하게 굳어 있던 느낌이 조금 부드러워진 것 같아요.

상담사   좋습니다. 그럼 누름돌 씨에게 이제 당신이 어른이 되었다는 것, 실제 나이나 현재의 상황을 가르쳐 주세요.

(5단계: 기사에게 내가 어른이 되었다고 말해 주기)

A 씨   나는 벌써 34살이야. 어른이 됐어. 성장했다고. 지금은
더 이상 따돌림당하고 있지도 않고 아버지랑도 따로 살
고 있어. 내가 하고 싶은 말을 해도 냉담하게 반응하는
사람은 이제 없어.

상담사   그렇게 말했더니 누름돌 씨는 뭐라고 말하나요?

A 씨   "뭐? 벌써 그렇게 어른이 됐구나!"라고 말했어요. 깜짝
놀란 것 같아요. 더 이상 따돌림당하지 않는다는 데에
도 많이 놀란 것 같고요.

상담사   그럼 "나 이제 하고 싶은 말을 참지 않아도 돼"라고 말
해 볼까요?

A 씨   그랬더니 "하지만 그럼 미움받을지도 몰라"라고 말했
어요.

상담사 뭐라고 말해 주고 싶나요?

A 씨 "미움받을지도 모르지만 더 이상 따돌림당하고 있지도 않고, 또 남편은 아버지처럼 나를 무시하진 않을 거야. 그러니까 그렇게 걱정하지마. 이제 어른이 돼서 어릴 때보다 조금은 강해졌거든. 게다가 여차 하면 나 혼자서도 살아갈 수 있어. 그때처럼 무력하지 않아."

상담사 그렇게 말했더니 누름돌 씨는 어떤 반응을 보이나요?

A 씨 내버려두고 있지만 여전히 걱정하는 것 같아요.

상담사 그럼 "조금씩 노력해 볼 테니까 옆에서 지켜 줄래? 무슨 일이 생기면 또 지켜 줘"라고 말해 볼까요?
(6단계: 앞으로도 옆에 있어 달라고 말하기)

A 씨 그 말을 전하니 웃으면서 안심하는 것 같네요.

상담사 그럼 누름돌 씨에게 앞으로도 곁에 있어 달라고 하고,

만약 당신이 하고 싶은 말을 참고 있다고 느꼈을 때, 누름돌 씨가 A 씨를 위해 '하고 싶은 말을 참게 만드는 미션'을 수행하고 있음을 떠올려 주세요. 그리고 그때마다 누름돌 씨와 함께 이야기해 보세요. 오늘은 이 정도에서 끝내고 누름돌 씨에게 "이야기해 줘서 고마워. 또 이야기하자"라고 말하고 종료합시다.

(7단계: 또 얘기하자고 말하고 대화 종료하기)

A 씨   오늘 이야기해 줘서 고마워. 다음에 또 이야기하자.

상담사   감사합니다. 지금 남편 분이 눈앞에 있다고 상상해 보세요. 하고 싶은 말을 삼키는 느낌은 어떻게 됐나요?

A 씨   막연하게 무서운 느낌이나 미움받는 느낌이 전보다 가벼워지고 있어요. 마음에 담아 두지 않고 조금씩 이야기할 수 있을 것 같아요.

상담사   아주 좋습니다. 일상생활에서 계속 누름돌 씨와 대화해 봅시다. 고생 많으셨어요.

알아차리기만 해도
절반은 해결된다

A 씨는 이 워크가 끝난 그날부터 남편 앞에서 하고 싶은 말을 하려고 할 때의 긴장감과 불안감이 줄어들고 자신의 의사를 조금씩 전달할 수 있게 되었다고 합니다. 그리고 본인의 생각을 말해도 남편이 싫어하지 않았고, 아버지가 그랬던 것처럼 무시하지 않고 순순히 받아들여 준다는 것을 알게 되었다고 합니다.

기사 워크가 대단한 이유는 기사의 존재를 알아차리기만 해도 현실이 크게 달라진다는 데 있습니다. A 씨는 이제 남편뿐만 아니라 친한 친구에게도 하고 싶은 말을 참지 않고 할 수 있게 되었다고 합니다. 다만, 직장 동료처럼 관계가 다소 먼 사람들은 아무래도 조심스러워서 여전히 하고 싶은 말을 삼키곤 하는데 그럴 땐 누름돌 씨와 기사 워크를 한다고 합니다.

A 씨처럼 하고 싶은 말을 꿀꺽 삼켜 버리는 사람들에게는 공통점이 있습니다. 그들은 '내 생각을 말하면 미움받지 않을까?', '공격(무시 등)을 당하지 않을까?' 하는 공포를 느낍니다. 그리고 그 결과 외톨이가 되어 버리는 '고독'에 대한 공포도 있습니다. 그래서 그런 상황을 피하기 위해 인간관계를 맺을 때 무의식적으로 '내가 참으면 된다', '하고 싶은 말을 하지 않는다'는 선택지를 택하고 있는 것입니다.

저는 이 상태를 '당신을 참게 만드는 기사가 있다'고 가정합니다. 분명 이 기사가 탄생한 계기가 있을 것입니다. A 씨의 경우, 이 기사(여기서는 누름돌 씨)는 어릴 때부터 아버지와의 관계 속에서 태어나서 따돌림을 계기로 점점 '하고 싶은 말을 참게 만드는 미션'을 열심히 수행해 왔습니다(문제의 강화).

더 이상 참고 싶지 않은 마음은 이해하지만 그대로 두면 또 그때처럼 상처를 받을 거라며 누름돌 씨(기사)가 걱정하고 있는 것입니다. 두 번 다시 상처받지 않도록 당신이 하고 싶은 말을 하지 못하게 만들어 당신을 지켜 주고 있는 상태입니다.

내 마음이 하는
이야기에 귀 기울일 때

문제를 해결하기 위해서는 기사가 하고 싶어 하는 말을 이해하는 것이 중요합니다. 실제로 잘 들어 보면 당신 자신도 잊고 있었던 것이 떠올라 깜짝 놀랄 때가 있습니다. 혹은 '하고 싶은 말을 할 수 있게 된다는 건 너무 무섭다'거나 '외톨이가 되어 버릴지도 몰라' 같은 생각을 하며 문제가 해결되면 그것대로 곤란하다는 걸 깨닫기도 합니다. 그로 인해 기사가 그렇게 행동하는 이유를 납득하게 됩니다. 그리고 기사를 배제하고 싶어지는 마음이 가라앉고 이해가 깊어져 기사와의 거리가 가까워집니다.

이것만으로도 기사는 당신이 자신을 이해하고 알아주고 있다는 안심감, 나를 신경 써 주고 있다는 안심감, 당신이 더 이상 무력한 아이가 아니라는점에 안도감을 느끼게 됩니다. 그러면 미션을 수행하는 데 집착하는 일(이것이 문제로 나타납니다)이 줄어듭니다.

친구나 연인이 생기지 않아서 고민이라는 사람도 이 주제로 귀결되는 경우가 많습니다. 신뢰할 수 있는 사이좋은 친구나 멋진 파트너를 절실하게 원한다고는 하지만 무의식으로는 다음과 같은 생각을 하고 있는 것입니다.

'그런 사람이 나타나면 처음엔 좋을지 몰라도 언젠가는 미움 받을지도 몰라.'
'언젠가는 내 곁을 떠나 버릴지도 몰라.'
'그렇게 되면 다시 회복할 정도로 상처받을지도 몰라.'
'다시 고독해지는 건 너무 무서워.'
'만약 다시 고독해지면 못난 나를 비난하고 후회하며 살기 힘들 만큼 괴로울지도 몰라.'
'그런 생각을 할 가능성이 있으니까 마음에 상처를 받을 바에는 차라리 처음부터 혼자인 게 낫지.'

이 무의식의 속마음들을 기사는 알고 있기 때문에 당신을 지키려고 합니다. 그래서 누군가와 사이가 좋아지거나 관계가 깊어지기 시작하면 상처받을 가능성이 높아져 위험하다고 판단합니다. 그리고 갑자기 사람을 만나기가 귀찮아지거나 상대방의 단점이 눈에 띄기 시작해서 관계를 끊는 방향으로 이끌기도 합니다. 애초에 사람과의 관계가 유지되지 못하게 만드는 경우도 있습니다.

기사는 그것이 당신을 지키기 위한 일이라고 생각합니다. 혹은 앞서 든 예처럼, 자신의 감정을 드러내면 상대방 정이 떨어져 관계를 끊어 버릴까 두려워 참아 버리고, 그 결과 불만이나 분노가 쌓여 자신이 먼저 상대방을 싫어하게 되는 경우도 있습니다. 다른 사람과 연결되길 원하는 한편 다른 사람과 이어진다는 것은 또다시 상처받을 가능성을 포함하고 있습니다.

기사는 그런 일이 일어나기 전에 그만두게 하고 싶은 것입니다. 이 엇갈림을 기사와의 대화를 통해 조금씩 깨달아 나가면 기사가 미션을 수행하는 방식이 달라집니다. 그리고 다른 사람과 관계를 맺는 방식이 크게 변화하고 문제가 해결되기 시작합니다.

지금까지 기사 워크는 하고 싶은 말을 하지 못하고 참아 버리는 힘겨움이나 부정적인 문제에 대해 다뤘습니다.

또한 기사 워크에서는 자아실현이나 꿈을 이루기 위해서(더 나은 삶을 위해서)도 활용할 수 있습니다. 꿈의 실현을 가로막는 장애물의 원인이 기사의 작용인 경우가 아주 많기 때문입니다. 다시 말해서 기사는 당신을 위해, 당신의 꿈이 이루어지지 못하게 가로막고 있습니다. 그 엇갈림을 대화를 통해 해소해 나가 보겠습니다.

꿈을 미루는
사람과의 대화

이번에는 수입이 좀처럼 늘지 않고 좋아하는 일에서 성과를 거두지 못해 고민인 B 씨의 예를 소개합니다. 지금부터는 흐름을 더 생략해서 간결한 대화로 진행하겠습니다. 보통 대화는 이렇게 원만하게 되지 않기 때문에 실제로는 조금 더 느긋하게, 서두르지 않고 대화를 진행해 나갑니다.

B 씨　　수입이 늘지 않아서 고민이에요. 부업으로 제가 좋아

하는 일과 관련된 일도 시작했는데 마음처럼 잘 안되네요.

상담사   그 문제에 대해 생각하거나 고민할 때 몸에서 어떤 느낌이 드나요?
(1단계: 기사 발견하기)

B 씨   가슴부터 배까지 불편한 느낌이 들고 왠지 모르게 안절부절못하겠어요.

상담사   그 느낌에 의식을 기울여 주세요. 거기에 기사가 있다고 생각하고, 만약 기사에게 모습이나 형태가 있다고 가정하면 어떤 이미지가 떠오르나요?

B 씨   가난뱅이 같아요. 너덜너덜한 옷을 입은 할머니처럼 느껴져요.

상담사   그 기사에게 이름을 붙여 주고 싶은데 어떤 이름으로 할까요?

(2단계: 기사에게 이름 붙여 주기)

B 씨   '비참 씨'라고 할게요.

상담사   그럼 "비참 씨, 왜 수입이 늘어나지 않는 거야?"라고 물
         어봅시다. 어떤 답이 돌아왔나요?
         (3단계: 질문을 통해 대화하기 1)

B 씨   "왜냐하면 수입이 늘어나면 죄악감이 들어. 어머니한
         테 면목도 없고 괴로워"라고 말하고 있어요.

상담사   그럼 "비참 씨, 당신의 미션은 뭐야?"라고 물어봅시다.
         (3단계: 질문을 통해 대화하기 2)

B 씨   어머니처럼 고생하지 않으면 면목이 없고 좋아하는 일
         로 쉽게 돈을 벌어 버리면 나만 행복해져요. 그럼 어머
         니를 내버려두고 떠나는 느낌이 들어서…. 그래서 (울
         먹이는 목소리로) "고생하게 만들고 돈을 많이 못 벌게
         하는 미션, 좋아하는 일로 돈을 벌지 못하게 만드는 미

선"이라고 말하고 있어요.

상담사   그 말을 듣고 어떤 생각이 들었나요?

B 씨   이런저런 생각이 들었어요. 저희 집은 가난한 한부모 가정으로 돈 때문에 고생을 많이 했어요. 친척한테도 손을 벌리지 못해서 어머니가 혼자서 갖은 고생을 했어요. 집안일에 저희 형제까지 돌보면서 아침부터 밤까지 일했지만, 늘 돈에 쪼들렸어요. 어머니는 늘 슬프고 힘들고 불행해 보였고 지쳐 있었어요.

그렇게 고생한 어머니를 내버려두고 제가 편하게 돈을 벌면 왠지 모르게 어머니를 대할 낯이 없을 것 같아요. 심지어 좋아하는 일을 하며 돈을 많이 벌어 버리면 마치 어머니의 노력을 파괴하는 것 같고, 제가 어머니를 배신하는 것 같은 느낌이 들어요. 그리고… (눈물을 흘리며) 제가 태어나는 바람에 어머니가 고생을 했다는 생각이 들어서 면목이 없어요.

상담사   그랬군요. 그럼 이번에는 "비참 씨, 당신이 그 미션을 그만두면 나는 어떻게 될 것 같아요?"라고 물어봅시다.
(3단계: 질문을 통해 대화하기 3)

B 씨　　이 미션을 그만두면 좋아하는 일로 제가 돈을 편하게
　　　　벌게 되고 저는 행복해질 거예요. 하지만 그럼 고생한
　　　　어머니를 자극해 상처를 주고 배신하게 돼요. "그럼 어
　　　　머니의 마음이 불안정해져서 어머니를 도울 수 없게 되
　　　　고, 결국 나도 고독해져 버려"라고 비참 씨가 말했어요.

상담사　　그 말을 듣고 어떤 생각이 들었나요?

B 씨　　지금 든 생각인데 어머니는 제가 기쁘거나 즐거워 보
　　　　이면 기분이 안 좋아졌어요. 그래서 같이 침울해하지
　　　　않으면 어머니가 집을 나가 버리지 않을까 늘 걱정했
　　　　어요. '그럼 나는 외톨이가 될 거고 혼자서는 살아갈 수
　　　　없겠지' 하면서 늘 어딘가에서 벌벌 떨고 있었어요.
　　　　그래서 어머니의 기분이 나쁘지 않게 저도 똑같이 고생
　　　　해야 한다고 생각했어요. 심지어 좋아하는 일을 하며
　　　　돈을 번다는 건 어머니한테 면목이 없는 일이라서⋯.

돈을 벌려면 하기 싫은 일을 고생하며 해야만 한다고 생각했어요. 그렇게 어머니와 같이 고생해야 한다고 생각한 거죠. 그게 어머니에게 상처를 주지 않기 위한, 어머니를 지키기 위한 제 방식이었던 거예요. (오열하면서) 제가 행복해지면 어머니를 대할 낯이 없고 고생한 어머니를 배신하는 것 같은 죄악감이 들었어요.

당시 어머니가 정신적으로 꽤 불안정한 상태라 머지않아 어머니가 돌아가실까 봐 많이 걱정했어요. 그래서 더더욱 어머니를 자극하고 싶지 않았어요. 같이 고생하면서 침울해하지 않으면 어머니를 지킬 수 없을 것 같다는 느낌이 들었어요.

비참 씨는 제가 경제적으로 고생하게 만들고, 불행한 상태에 있게 함으로써 저뿐만 아니라 어머니까지 지켜주고 있었다고 생각해요. 제가 어머니와 똑같이 힘든 상황에 놓이게 함으로써 어머니가 외로워하지 않게 해준 거라고 생각해요. 괴로울지는 몰라도 그래야 저도, 어머니도 안심할 수 있는 것 같아요.

상담사   비참 씨는 오로지 혼자 당신과 어머니를 위해, 목숨을 지키기 위해 애쓰고 있었군요. 우선 그 점을 위로하고 더 이상 혼자가 아니라고 전해 주세요.
(4단계: 기사를 위로하고 더 이상 혼자가 아님을 알려 주기)

B 씨 　비참 씨, 어렸을 때부터 늘 고마웠어. 혼자 열심히 나랑 어머니를 도와줬었지. 덕분에 어머니도 나도 지금까지 살아올 수 있었어. 고마워. 오늘 이렇게 비참 씨를 발견 했으니 더 이상 혼자가 아니야. 내가 있으니까 말이야.

상담사 　비참 씨에게 그렇게 말했더니 어때 보이나요?

B 씨 　울고 있어요. 사실 제가 좋아하는 일을 하면서 쉽게 돈을 벌었으면 좋겠다고 생각하지만 그럼 어머니가 불안 정해져서 어떻게 될지도 모르고, 어머니에게 무슨 일이 생기면 저도 상처를 받아서 상황이 더 안 좋아질 테니 미움을 받더라도 계속 미션을 수행해 온 거라고 말했어요.

상담사   그랬군요. 하지만 지금은 그때와 상황이 다르죠. B 씨
는 이제 어엿한 어른이 되었다는 점과 실제 나이, 현재
의 상황을 기사에게 가르쳐 주세요.

(5단계: 기사에게 내가 어른이 되었다고 말해 주기)

B 씨   비참 씨, 나는 지금 46살이야. 어엿한 어른이지. 더 이
상 초등학생이 아니야. 그 당시의 어머니보다도 더 나
이가 들었어. 지금은 자립해서 살고 있고 그때만큼 경
제적으로 어렵지도 않아. 어머니도 지금은 정신적으로
안정을 찾아서 조용히 지내고 계셔. 그땐 어머니가 돌
아가실지도 모른다고 걱정했지만, 여전히 건강하게 살
아 계셔. 그때와는 상황이 완전히 달라.

상담사   그렇게 말했더니 비참 씨는 뭐라고 말하나요?

B 씨   멀뚱거리고 있어요. "믿을 수 없다"면서 말이에요. 온
몸에 힘이 빠져서 맥없이 주저앉아 버린 것 같아요. "다
행이다"라고 말하고 있어요.

상담사	수입을 늘리고 싶고, 좋아하는 걸 일로 삼고 싶다고 비참 씨에게 말해 볼까요?
B 씨	수입을 늘리고 싶고, 좋아하는 일을 하고 싶어. 고생하면서 불행하게 사는 건 이제 그만두고 싶어.
상담사	그렇게 말했더니 비참 씨는 뭐라고 말하나요?
B 씨	"조금 걱정되지만 알겠어"라고 말하고 있어요.
상담사	"앞으로도 옆에서 지켜 줄래? 무슨 일이 있으면 도와줘"라고 말해 볼까요? (6단계: 앞으로도 옆에 있어 달라고 말하기)
B 씨	그렇게 말했더니 비참 씨가 안심하는 것 같아요. 너덜너덜했던 옷이 깨끗한 옷으로 변해서 외모도 더 젊어진 것 같아요.
상담사	오늘은 이쯤에서 마무리할까요? 비참 씨에게 "이야기

해 줘서 고마워. 또 얘기하자"라고 말하고 종료합시다.

(7단계: 또 얘기하자고 말하고 대화 종료하기)

B 씨   이야기해 줘서 고마워. 또 얘기하자.

상담사   감사합니다. 또 일이나 돈 때문에 몸과 마음이 힘들어

지면 비참 씨와 기사 워크를 해 보세요. 감사합니다.

내가 가장 약할 때가
가장 크게 성장할 기회다

 B 씨는 세션 이후 부업이 궤도에 올라 수입이 늘었고, 단숨에 부업의 수입이 본업의 수입을 뛰어넘어 본업을 그만두고 좋아하는 일을 하며 충분한 수입을 얻게 되었다고 합니다. 기사 워크를 통해 기사의 존재를 알아차리고 여러 차례 대화를 반복한 결과 매일 느끼던 우울감도 완화되었다고 합니다.

 그 과정에서 내가 돈을 벌면 어머니를 더 편하게 해 줄 수 있고, 내가 먼저 행복해지면 어머니나 가족도 행복해질 수 있으며, 내가 행복해진다고 해서 어머니를 방치하거나 배신하는 것이 아니라는 걸 몸소 느꼈다고 합니다. 또한 자신이 불행해야 어머니가 행복해진다는 게 아님을 자각하고 난 뒤로 수입이 빠르게 늘었다고 합니다.

이것은 '돈을 가로막고 있던 장애물'이 사라졌다고도 표현할 수 있습니다. 이처럼 기사는 자아나 꿈을 실현할 때 아주 강력한 도구로 작용합니다. 반복해서 말하지만, 기사의 존재를 깨닫기만 했을 뿐인데 마음과 인생에 큰 변화가 일어나기 시작한 것입니다.

기사의 존재를 알고
바뀌기 시작한 인생

이 B 씨의 이야기는 저의 이야기와 꽤 비슷합니다. 제 아버지는 어머니에게 폭력을 휘두르는 사람이었는데, 제가 9살 때 쓰러졌고 긴 투병 끝에 제가 15살이 되던 해에 돌아가셨습니다. 아버지는 보험에 드는 것을 극구 반대했던 사람이라 입원에 필요한 의료비와 가족의 생활비를 모두 어머니가 감당해야만 했습니다. 어머니의 급여는 병아리 눈물만큼 적었고, 제도의 도움을 받더라도 남매를 키우기에는 턱없이 부족했기에 그야말로 빈곤한 가정 그 자체였습니다.

아버지가 돌아가시면서 받은 보험금이 전혀 없었기 때문에 저는 진학에도 큰 어려움을 겪었습니다. 빈곤한 가정을 위한 국립대의 수업료 일부 면제 제도의 도움으로 장학금을 받았고, 아르바이트하며 겨우 대학원까지 졸업했습니다.

어머니의 미소는 제가 9살 때부터 사라졌습니다. 남매를 키우면서 아침부터 밤까지 일해도 수입은 쥐꼬리만 했고, 술이 늘어 정신이 불안정해졌습니다. 친척이나 어머니의 부모님(저의 조부모)에게도 도움을 받지 못했고, 급기야 제가 보는 앞에서 자살을 시도하기도 했습니다.

어느 날 테이블 위에서 어머니의 유서를 발견하고 너무 놀라 어찌할 바를 몰라 미친 듯 울부짖었던 일을 기억합니다. '언젠가 어머니가 죽어 버리지 않을까', '그럼 가족이 뿔뿔이 흩어지지 않을까' 하는 공포에 늘 떨었습니다. 그런 일이 일어나지 않게, 어머니의 마음이 안정을 되찾을 수 있게 심부름도 열심히 하고 좋은 성적을 받기 위해 공부도 열심히 했습니다. 아직 어려서 경제 활동을 하지 못하지만 어머니를 기쁘게 하고 어머니의 정신적 안정을 위해서 무슨 일을 해야 할지 항상 고민하곤

했습니다.

또한 어머니의 행복을 지키기 위해 어머니를 조금이라도 자극할 만한 일은 하지 않으려고 언제나 주의를 기울였습니다. 어머니와 함께 침울해하고 늘 주눅 들어 있고 조용히 지내려고 했습니다. 즐겁고 기쁜 일은 해서는 안 된다고 스스로를 강하게 통제했습니다.

어머니보다 행복해지지 않기로 정한 것입니다. 제가 태어나는 바람에 어머니가 고생을 한다고 생각해서 살아 있음에 대한 죄악감, 면목 없음을 늘 느끼고 있었습니다.

빨리 어른이 되어 돈을 벌어서 어머니를 편하게 해 주고 싶었고, 여동생이 비참함을 느끼게 하고 싶지 않았습니다. 어렸을 때부터 그런 생각을 하며 열심히 일했지만, 당시에는 아무리 열심히 해도 수입이 조금도 늘지 않았고 장학금을 갚느라 빠듯한 나날을 보냈습니다.

어느 날 문득 제 월급이 많아 봐야 그 당시의 어머니와 비슷하거나 그보다 적다는 걸 깨닫고 깜짝 놀랐습니다. 그 순간 제가 어머니와 똑같이 고생해야만 하고, 심지어 좋아하는 일을 하며 즐겁게 돈을 벌어선 안 되고, 어머니보다 돈을 더 많이 벌면 면목이 없다고 생각한다는 걸 깨달았습니다.

수입이 늘어나지 못하게 하고 일이 잘 풀리지 못하게 하던 제 안의 기사의 존재를 그때 알아차린 것입니다. 기사는 저를 걱정해서 어릴 때처럼 어머니와 저를 지키려고 제 수입이나 꿈을 가로막고 있었던 것입니다.

그 사실을 알아챈 뒤로는 모든 게 수월해졌습니다. 제가 하고 싶은 심리 상담 일을 업으로 삼고 돈을 벌고 사람들에게 도움도 줄 수 있었죠. '이 얼마나 감사하고 행복한 일인가' 하고 마음 깊이 생각할 수 있는 곳에 다다를 수 있었어요.

저마다 자신의 인생을
열심히 살아간다

제 이야기를 계속하겠습니다. 가족의 빚과 제 여동생의 학자금을 모두 갚는 데 돈을 다 썼을 때 동일본대지진이 일어났습니다. 후쿠시마현 출신인 저는 엄청난 우울감을 느꼈습니다. 몸 컨디션이 점차 엉망이 되고 신경증을 비롯해 우울증과 공황 장애로 오랫동안 고통받았습니다.

영양 요법(특별한 식사법과 영양 섭취를 통해 신체 및 뇌 기능을 개선하는 방법)과 심리 요법으로 조금씩 회복해 나갔지만,

그 과정에서 당시에 겪은 괴로운 경험으로 인한 발달성 트라우마가 남았습니다. 그 고통 때문에 정신 부조화가 일어나고 있음을 깨달았을 때 어머니에 대한 분노와 원망이 멈추지 않기도 했습니다.

평생 어머니를 돌보고 가족을 위해 인생을 바쳤는데 내 인생은 무엇 하나 제대로 되고 있는 게 없었습니다. 누굴 위한 인생이며 나는 무엇을 위해 살아왔는지 생각하며 괴로워했습니다. 돈뿐만 아니라 저의 행복을 스스로 막고 있었던 것입니다.

그 과정에서 기사 워크를 수차례 반복하면서 많은 기사를 만나 대화함으로써 마음의 안정을 되찾았고, 머지않아 저의 문제를 부감할 수 있게 되었습니다. 당시에는 어머니도 힘들었고 그렇게 할 수밖에 없었을 거라고 생각하게 된 것입니다.

어머니는 서른 남짓한 나이에 남편이 쓰러지고 보험금도 받지 못했고, 넉넉하지 못한 형편에 누구의 도움도 받지 못한 채 어린 남매 둘을 키워야 했던 것이죠. 무엇보다 어머니 역시 자신의 부모나 가족과의 관계로 고통받고 깊은 상처를 짊어지고 있었다는 점, 그 부모(조부모)도 많은 문제와 상처를 안고 있었다는 점, 그리고 그 문제들을 그들 스스로는 해결하지 못했다는 점을 이해할 수 있게 되었습니다.

　어머니는 상처를 받으면서도 어떻게든 필사적으로 살았을 뿐입니다. 그리고 문제는 세대를 뛰어넘어 과거부터 현재까지 연쇄적으로 일어나고 있었습니다. 삶을 힘겹게 만드는 문제, 상처를 짊어지게 하는 문제는 부모와 당신뿐만 아니라 당신의 부모의 부모, 그리고 그 부모, 나아가 그 부모처럼 집안의 문제로 반복해서 연쇄하고 있습니다.

늘 당신 곁에
있었던 기사

　이것은 사실 많은 분에게 해당하는 이야기입니다. 지금 안고 있는 문제도 뿌리를 찾아 거슬러 오르면 누군가가 잘못했기 때문이 아니라 끝없이 반복되어 버린, 애달픈 집안 이야기가 배경에 숨어 있습니다. 결국 그 누구에게도 잘못이 없고, 연쇄되는 과정에서 모두가 상처를 받고 있었던 것 입니다. 그럼에도 각자 필사적으로 살 수밖에 없었던 것입니다. 그저 그뿐입니다.

　반복되는 이 슬픈 이야기를 저의 대에서 끝내고 연쇄를 멈추는 것.

그 방법을 많은 사람에게 알려 주고 당신의 대에서 이 연쇄를 멈추게 하는 것.

그리고 무엇보다 지금부터 당신의 마음의 상처나 응어리를 당신 스스로 해결하고 음지에서 양지로 뛰어올라 지금 여기부터 남은 인생을 행복하게 살게 하는 것.

이것이 제 필생의 사업 중 하나입니다. 이때 기사 워크는 큰 도움이 될 것입니다.

앞서 소개한 두 가지 사례는 모두 부모와 관련이 있었는데, 반드시 그런 것은 아닙니다. 다만, 어릴 때 받은 마음의 상처는 아무래도 당신의 가까이에 있었던 양육자와 관련이 있는 경우가 많습니다. 하지만 기사의 탄생에는 다양한 배경이 있습니다. 안이하게 부모에게 문제를 귀결시키지 말고 기사와 대화를 나누며 보이는 것들을 소중히 여겨 주세요.

우리는 문제를 빨리 해결하고 인간관계, 자신의 성격이나 버릇, 일이나 경제 문제 등 모든 분야의 문제를 제거하고 싶어 합니다. 실제로 저를 찾아오는 분들도 하나같이 "빨리 이 문제를 어떻게든 해 주세요", "해결해 주세요"라고 말합니다.

그것은 보통의 감각이라고 생각합니다. '너만 없었다면!', '저리로 가! 너 같은 건 사라져 버려야 해!', '너 때문에 내 인생이 엉망진창이야! 어쩔 거야!'라고 문제를 향해 화를 내거나 원망하는 상태입니다.

그런데 기사 워크를 반복하고 다양한 기사와 대화를 하다 보면 우리가 안고 있는 문제에도 깊은 의미가 있음을 알 수 있습니다. 그리고 그 문제를 통해 내가 보호받아 왔음을 조금씩 이해하게 됩니다. 머리가 아니라 마음 깊은 곳에서 이해하고 신체의 감각으로도 받아들일 수 있게 됩니다. 수십 년씩 줄곧 고통을 주었던 문제나 주제라 해도 그 덕분에 내가 보호받아 왔다는 점, 배경이 있었다는 점, 즉 기사들의 노력을 이해할 수 있게 됩니다.

인생은 자신에게 신경 쓰는
사람의 편이다

상대방을 잘 모르는 상태라면 이런저런 오해가 생기기 마련입니다. 기사 워크를 통해 그 오해를 풀고 기사의 진의를 이해했다면 당신이 먼저 기사에게 다가가서 기사와 여러 차례 대화를 나누고, 서로의 관계를 심화해야 진정으로 문제를 해결할 수 있습니다.

믿을 수 없을지도 모르지만, 기사가 당신을 생각해서 일으키던 문제를 어느 날 갑자기 사랑스럽게 바라볼 수 있게 됩니다.

지금까지 기사가 했던 일들에 감사할 수 있게 됩니다.

기사가 필사적으로 당신을 지켜 왔다는 점, 기사가 언제나 곁에 있어 주었다는 점을 깊게 이해할 수 있게 됩니다.

저는 그렇게 생각합니다. 문제를 해결한다는 것은 문제를 제거하는 것도, 지워서 없애는 것도 아닙니다. 문제를 해결한다는 것은 문제를 이해하고 문제와 손을 잡는 것입니다. 문제가 생기는 진정한 이유를 알고, 문제를 일으켜 당신을 지켜 온 기사를 이해하고, 손을 잡고 함께 걸어가는 것입니다. 당신은 계속 혼자가 아니었던 것입니다. 서툴지만 당신을 지키기 위해 필사적으로 노력해 온 또 하나의 당신, 기사가 늘 곁에 있어 주었던 것입니다. 그것을 깨달아야 합니다.

내가 나의
손을 잡아 주기

앞서 이야기했듯이 저는 심신의 부조화를 겪으며 인생의 많은 시간을 보냈습니다. 수많은 문제 때문에 사는 게 너무 힘든 나머지 어째서 이런 감정을 느껴 가면서까지 살아야 하는가 생각한 날들이 수없이 많았습니다.

제 친구 중에 아주 밝고, 긍정적이며 온화한, 회사에서뿐만 아니라 사생활에서도 늘 수많은 사람에게 둘러싸여 있는 친구가 있습니다. 그 친구의 이야기를 들어 보면 아주 축복받은 환경에서 성장한 거 같아 보입니다. 당연히 친구는 심리 치료나 영양 치료 같은 것은 받아 본 적이 없고, 기사 워크도 당연히 한 적이 없습니다. 그럴 필요가 전혀 없었던 것이죠.

한편, 저는 어릴 때부터 삶이 너무 힘겨워서 저를 다시 일으켜 세우기까지 아주 많은 시간이 필요했습니다. 세상은 어째서 이렇게나 불공평한가 한탄하며 슬퍼한 적도 있습니다. 하지만 기사 워크를 심화하는 과정에서 저는 다음과 같은 사실을 깨달았습니다.

늘 고독하게 살았고, 혼자 애써 왔고, 그런 내 고통은 아무도 알아주지 않았고 다가와 주지 않았지만 기사만큼은 계속 내 옆에서 나를 이렇게까지 알아주고 도와줬다는 사실을 말입니다.

나는 혼자가 아니었고 기사만큼은 나를 이렇게나 소중하고 중요하게 여겼으며 필사적으로 나를 지켜 주었다.

이토록 나를 생각해 주는 존재는 또 없었다.

이렇게나 대단한 내 편이 계속 내 안에, 곁에 있어 주었다.

나를 지켜 주고 있었다.

나는 또 하나의 '나'에게 계속 보호받아 왔다.

그 또 하나의 '나'는 서툴지만 늘 나에게 무조건적인 사랑을 쏟아 주었다.

스스로를 사랑한다는 말의 의미를 잘 이해하지 못했다.

그런 건 불가능하다고 생각했다.

하지만 나는 제대로 나에게 사랑받아 왔다.

혼자가 아니었다.

이런 점들을 몸과 마음 깊이 이해하게 된 순간이 있었습니다. 기쁘고 고맙고 따듯해서 하루 종일 울고 또 울었습니다. 눈물이 멈추지 않았습니다.

저는 분명히 괴로운 인생을 살아왔습니다. 제 친구처럼 축복받은 환경에서 자라진 않았지만 그 덕분에 나를 진심으로 소중하게 여기는 또 하나의 '나'의 존재를 알고 손을 잡을 수 있었습니다. 힘겨운 시간을 보냈기에 비로소 이렇게 대단한 곳에 이를 수 있었습니다. 이 자리에 이르렀기 때문에 지금까지 겪은 괴로움에도 큰 의미가 있다고 생각했습니다.

진심으로 그렇게 느꼈습니다. 정말로 희한한 감각이었는데, 결코 그 친구에 대한 패배감 때문에 그렇게 생각한 것은 아닙니다. 저를 타이르는 것도 아닙니다. 제 마음 깊은 곳에서 저를 지켜 준 나 자신, 즉 기사에 대한 고마움과 늘 곁에 있어 주는 기사의 다정함으로 넘치는 순간이었습니다.

당신의 고민이 얼마나 깊든 바로 지금부터 바뀌 나갈 수 있습니다. 괜찮습니다. 반드시 마음 깊이 행복을 느끼고, 차분하고 누그러진 마음과 몸으로 온화하게 살아갈 수 있게 됩니다. 나다운, 내가 원하는 인생을 살 수 있습니다. 그 점을 잊지 말아 주세요.

고독하게 혼자 걸어왔다고 생각했던 당신의 인생의 길을 돌이켜보면 그 옆에는 늘 당신의 발자국 외에 기사의 발자국도 있습니다. 당신이 아무리 괴로워해도 기사는 당신 곁을 떠난 적이 단 한 번도 없습니다. 기사만큼은 당신을 결코 버리지 않았습니다. 언제나 옆에 있어 주었던 것입니다. 그래서 당신이 지금까지 살아올 수 있었던 것입니다.

누그러진 마음과 몸으로 온화하게 살아갈 수 있게 됩니다. 나다운, 내가 원하는 인생을 살 수 있습니다. 그 점을 잊지 말아 주세요.

당신은 늘 또 하나의 '당신'에게 보호받아 왔던 셈입니다. 그리고 앞으로도 당신은 혼자가 아닙니다. 당신을 진심으로 소중히 여겨 준 또 하나의 당신, 즉 기사가 늘 옆에 있습니다. 그 점을 깨달은 당신은 이제 더 이상 혼자가 아닙니다.

자, 기사와 손을 잡고 천천히 걸어 나가 봅시다.

나에게 신경 쓰는 연습 ˏ ˊ ˴ ˎˋ

- 마음속 또 다른 나를 인지했다면, 이제 그 존재와 이야기를 나눠야 합니다.

- 당신은 억울할 수도 있습니다. 당신의 상처가 무엇인지 정확히 모르고, 기사에게 문제를 일으켜서 지켜 달라고 한 적도 없으니 말입니다. 이러한 기사와의 엇갈림을 해결해야 당신이 가진 문제가 해결됩니다.

- 기사와 처음 대화하려고 할 때 너무 조급해하지 마세요. 한 번에 소통하기란 어렵습니다.

- 기사에게 이름을 붙여 주세요. 규칙은 없습니다. 가벼운 마음으로 원하는 이름을 지어 주면 됩니다.

- 이름을 만들었다면 기사에게 물어보세요. 내가 왜 그 상태

였는지, 기사가 하려는 미션은 무엇이었는지, 그 미션을 멈추면 나는 어떻게 되는지를 차근차근 대화하면 됩니다.

• 기사에게 그동안 나를 지켜 줘서 고맙다고, 앞으로도 잘 부탁한다고 마음을 전해 주세요.

• 내 마음과 소통하기란 쉽지 않습니다. 하지만 한 가지만 기억하세요. 혼자서 고독하게 살아왔다고 생각했지만, 당신도 몰랐던 마음 깊은 곳에서 당신이 당신을 위해 노력하고 있었습니다.

• 스스로를 믿고 이해한다면 당신도 몰랐던 내면의 힘을 발견하게 됩니다. 꾸준히 내 마음과 나에게 신경 써 주세요.

"기사, 너를 몰라봐서 미안해.

지금까지 나를 지켜 줘서 고마워.

너에 대해서 드디어 잘 알게 되었어.

앞으로도 함께하자.

하지만 이제 무리는 하지 않아도 돼."

빨리 손에서 놓아 버리고 싶은,

나를 괴롭게 만든 문제의 진짜 모습은

내 소중한 편이었다.

나를 가장 생각해 주는,

마음 따뜻한 기사.

소중한 나의 일부.

"이렇게 늘 옆에 있었는데 지금까지 몰라봤어.

나를 계속 지켜 줘서 고마워.

언제든 또 이야기하자."

"나를 구하기 위해 노력한 기사를

신경 써서 이해하고

서로를 알아주는 것,

그 순간부터 내가 하나가 되어

마음의 문제에서 벗어날 수 있다는 걸 알았어."

내 편은 늘 내 안에 있었다.

"앞으로도 나는 몇 번이고 '나'를 구하러 갈 거야.
몇 번이고 '나'랑 이야기하자."

나는 '나'를 끌어안았다.

"지금까지 나를 위해 열심히 살아 줘서 고마워."

외톨이일 때도,

실패했을 때도,

힘겨워서 잠에 들었을 때도,

아무리 괴로울 때도,

모든 것이 싫어져서 집어던지고 싶었을 때도,

나를 절대 포기하지 않고 늘 곁에 있어 준 사람이 있었다.

그것은 '나'다.

'나'는 결코 나를 버리지 않았다.
늘 곁에 있어 주었다. 늘 믿어 주었다.
반드시 잘될 거라고, 괜찮다고
사실은 계속 격려해 주었다.
그래서 지금까지 살아올 수 있었다.

"고마워, 나…. 앞으로도 함께하자."

나의 이야기는 앞으로도 계속된다.

그것은 내가 '나'와 손을 잡고 함께 살아가는 이야기다.

세상에서 가장
신경 써야 할 사람은
바로 나 자신이다

'흐린 하늘'이 마치 내 모습 같다고 생각하지 않았나요?

지금까지 읽어 주셔서 감사합니다. 이 책을 통해 당신 안의 기사의 존재를 조금이나마 깨달았다면 다행입니다.

기사들과의 대화를 심화하고 스스로에 대한 이해가 깊어지면 마치 나 자신에 대한 수수께끼가 풀리듯이, 내가 지금까지 왜 힘들었고, 여러 문제들이 잘 풀리지 않았는지를 깊게 이해할 수 있게 됩니다.

그리고 기사와 손을 맞잡으면(자기 통합) 기사와 뒤바뀌지 않을 때의 진정한 나, 본질적인 나의 모습이 나타나게 됩니다. 그때부터 인생 자체가 더 극적으로 변화해 나갑니다.

진정한 모습의 당신, 당신의 본질은 태양처럼 빛나고 있습니다. 하지만 인생을 살아오면서 상처가 늘어나고, 쌓여 갈 때마다 마치 흐린 하늘 때문에 태양이 보이지 않는 것처럼 우중충한 상태에 놓이게 됩니다.

그 상태가 지금 당신이 인식하고 있는 '자기 자신'입니다. 태양이자 맑은 하늘인 본래의 당신이 너무 오랫동안 구름에 덮여 있었던 나머지 흐린 하늘을 자신의 모습이라고 생각하는 것입니다.

구름 위에는 늘 태양이 있듯이 본래의 당신은 결코 바뀌거나 사라지지 않습니다. 그저 숨겨졌을 뿐입니다. 그동안 당신 스스로 당신의 훌륭한 본질을 깨닫지 못한 것입니다.

이 책을 통해 기사 워크를 비롯해서 스스로를 이해하기 위한 노력을 꾸준히 하다보면 머지않아 이 구름이 조금씩 걷히게 됩니다. 그리고 태양처럼 따듯하고 차분하고 긍정적이고 다정하고 온화한 당신의 본질, 진정한 당신이 얼굴을 드러내기 시작합니다.

그러기 위해서는 서두르지 말고 천천히 나아가는 것이 중요합니다. 빨리 달라지고 싶고, 빨리 문제를 해결하고 싶은 마음은 충분히 이해합니다. 하지만 그런 마음은 다시 말하자면 지금까지 필사적으로 살아온 지금까지의 나를 부정하는 것과 같습니다.

서툴어도, 고민이 많아도 나름의 방식으로 스스로를 지키면서 필사적으로 지금까지 살아올 수 있었던 것입니다. 당신도, 당신의 기사도 열심히 노력했기 때문에 여기까지 걸어올 수 있었던 것입니다.

지금, 이곳에서 당신이 제대로 숨을 쉬고 있다는 사실이 바로 그 증거입니다. 굳건하게 살아온 것입니다. 아무쪼록 그런 지금의 나를 우선 안아 주세요. 그리고 함께 곁에서 당신을 지키려고 애써 준 기사도 함께 안아 주세요.

이 책에서 소개한 기사 워크의 일련의 흐름은 미국 철학자이자 심리학자인 유진 겐들린의 관점을 바탕으로 하였습니다. 거기에 저의 임상 경험을 통해 구축한 심리 요법 메소드를 접목해 정리한 심리 요법의 도입 부분입니다. 여러분의 이해를 돕기 위해 필요한 최소한의 내용을 추렸습니다. 본래는 깊이가 매우 깊고 다양한 시점에서 접근하지만, 처음 접하는 분들을 위해 글로도 이해할 수 있도록 가능한 한 간단하고 쉽게 설명하고자 했습니다.

더 깊게 몰입하고 싶다면 더 파고들어도 좋습니다. 이를테면 기사가 해 주었으면 하는 것과 하지 않았으면 하는 것을 묻기, 기사가 정말로 하고 싶었던 것과 앞으로 하고 싶은 것을 묻기, 기사가 지키고 있는 '당신의 마음의 상처 그 자체'와 대화하기 등처럼 책에서 이야기한 방법들보다 더 깊게 파고들 수도 있습니다.

그 밖에 더 많은 걸 알고 싶다면 저의 유튜브 채널 '하시모토 쇼타의 인생 리노베이션'도 참고해 주세요.

또한 마음과 자아실현에 특화된 영양 요법이나 기사 워크의 상급 편 등 심리 요법에 대해 더 자세히 알고 싶다면 '하시모토 쇼타 심리학'으로 검색해서 공식 홈페이지를 살펴봐 주세요. 제 활동이 여러분에게 도움이 될 수 있다면 그보다 기쁜 일은 없을 것입니다.

마지막으로 당신이 절대로 잊지 말았으면 하는 점이 한 가지가 있습니다.

힘들고 괴로운 날,
전부 다 내팽개치고 싶은 날,
자신을 스스로 탓하며 자책하던 날,
아무도 나를 알아주지 않아 고독하게 울었던 날,
꿈을 향해 열심히 애썼던 하루하루….

이런 고통스럽고 힘들었던 나날들 속에서 당신의 곁을 떠나지 않고 늘 당신을 지키기 위해 필사적으로 애써 준 사람이 있습니다. 당신을 누구보다 신경 쓰고, 소중하게 여기고 걱정하고, 누구보다 당신을 잘 이해하고 있는 사람이 있습니다.

그것은 바로 당신 자신입니다. 당신만큼은 당신을 포기하지 않았던 것입니다. 늘 당신을 믿고 있었던 것입니다. 그리고 지금 이 순간에도 당신을 믿고 있습니다. 앞으로 무슨 일이 있어도 결코 당신을 버리지 않고 혼자 두지 않습니다. 늘 당신 곁에 있습니다. 그러니까 괜찮습니다. 정말 괜찮습니다.

자기 자신과 함께 손을 잡고 밝은 내일을 향해 힘차게 걸어갑
시다.

감사합니다.

하시모토 쇼타

불안과 자책을 멈추고 나를 사랑하기 위한 심리학

나에게 신경 쓰기

1판 1쇄 2024년 8월 7일
1판 2쇄 2024년 8월 27일

지은이 하시모토 쇼타
옮긴이 김슬기
펴낸이 유경민 노종한
책임편집 권혜지
기획편집 유노북스 이현정 조혜진 권혜지 정현석 **유노라이프** 권순범 구혜진 **유노책주** 김세민 이지윤
기획마케팅 1팀 우현권 이상운 **2팀** 이선영 김승혜 최예은
디자인 남다희 홍진기 허정수
기획관리 차은영
펴낸곳 유노콘텐츠그룹 주식회사
법인등록번호 110111-8138128
주소 서울시 마포구 월드컵로20길 5, 4층
전화 02-323-7763 **팩스** 02-323-7764 **이메일** info@uknowbooks.com

ISBN 979-11-7183-039-8(03180)